準天王狂賺飆股！

沒賺到錢不要說你會選股！

方天龍——著

 **作者序**

面對多空無常的股市，
要學會自行判讀！

　　飆股啊飆股，對於還沒找到交易聖杯的上班族來說，股市是一頭怪獸，常常買進主力股，正在驚喜搭上了飆漲列車，可是幾天沒空看盤，竟然又跌破你當天的買價了；接著幾天不斷在盤跌，弄得你上班都沒心情；正當忍不住把不堪賠累的股票賣掉，才發現它隔天漲停板了。另外，有些想要用「以小搏大」迅速翻身的權證族，眼見股票小漲了，權證價格卻還在盤下，只能在心裡吶喊「坑爹啊」；聽說「權證不能長抱」於是先賣再說；不料才剛賣掉，權證價格突然迅速往上拉了，幾天之內都不回頭，你更感到股市簡直是個「吃角子老虎」的吞幣機器！

　　可是，你不覺得納悶，這麼多市面上的股市書籍，都是在教人「如何從股市賺一億」、「追籌碼賺一億」、「學會K線賺三億」、「從10萬到千萬」、「從8萬到千萬」、「從7.5萬到淨賺1635萬」、「從5000萬到10億」、「從20萬到10億」，這些股票書作者，都具有實戰經驗，當然都是高手中的高手、行家中的行家！但由於媒體主管對新聞「煽動性」的需求、記者被迫採取扭曲的角度，只能到處去尋找「富人」以完成報導任務，現今財經作者彷彿比的不是密技功夫，而是身家財富。而你，身為熱門名人追星族的你，怎麼連幾萬元都撈不著呢？

　　上太空，不是沒有方法；殺豬公，也要有手段。當不成太空人，一樣可以坐飛機；不忍宰大豬，也可以殺小豬（撲滿），好好享受「小確幸」。總之，不能入寶山而空手回。股市是這麼有趣的地方，飆股又是如此迷人的

世界，為什麼有的人樂在其中，有的人卻望股興嘆，只能對高手「羨慕、嫉妒、恨」？

近幾年，我開始把常常寫信給我的「有緣讀者」集中起來，每年辦兩次左右的講座，希望藉「教學相長」的機會，以過來人身分幫粉絲們袪除學習上的迷霧，不致淪為股市的孤兒。畢竟「專業投資」是一條不歸路，習慣了足不出戶的研究，會讓人感到非常孤單或無助。尤其當粉絲心中有疑惑，卻不知道該問誰的時候，我就當義不容辭地站出來幫一點小忙，這也是回饋大家對我的厚愛。

不久前，有一位對我的講座從未缺席的「戰友」（這是我對「建檔有案」的建檔讀者的敬稱）說，不知道為什麼經過學習之後，自覺功力大進，但對於飆股卻有難以捉摸之感，尤其在買到飆股之後常常出了意外。有時似乎指標突然失靈，有時行情會無端出現逆轉，讓人措手不及，莫非「無常」已經變成現今股市的「常態」？那麼，怎麼因應變局呢？

這正是本書寫作的宗旨。筆者覺得是該讓戰友知道一些「防身術」的時候了！手上有一把倚天劍或屠龍刀，不會使用也枉然；能攻能守，絕技才算完整；就像精於駕駛的人，不是自己開車技術高明就行，還得防範酒駕或闖紅燈的人從你看不見的背後給意外撞上吧！

筆者決定直接從投機股、潛力股和飆股的差異說起。畢竟飆股的條件很多，並沒有一定的標準答案。現在的高手，無不在尋求交易聖杯，但是，當飆股出現時，您有沒有搭上這班列車呢？早年的官方態度比較偏多，甚至曾和主力吃飯喝咖啡、共同挽救股市，因而造就1988年「中纖」這檔股票在1月14日開始發動攻勢以來，幾乎有半年時間是天天漲停板的盛況；金融類股也一片祥和之氣，紛紛創下上千元的歷史紀錄。如今，飆股這樣的「怪獸」很難存活了，因為不肖的官員已改用人頭戶放空為牟利的方向，他們手上有的是各種懲治飆股的利器。目前坐牢中的主力「古董張」，過去手上用4支手機防範監聽，都免不了被一位不肖員警監聽了一整年（該員已被查獲，新聞且曾上過報）。有些禿鷹集團甚至配合官員作空，也造就了「向下飆」的飆股。那麼身為「資訊落後」的小散戶們，夾在多、空兩方之間，究竟應該如何選邊站呢？

時勢造英雄，川普的當選、英國的脫歐，在在都說明了人間的「無常」、社會的「多元化」，股市自然也沒有「非如此不可」的標準答案，更無法用一條均線、一個準則，就能打遍天下無敵手！一切的一切，都惟有努力學習、「趕快讓自己變強大」最可靠！學習如何從多變的盤面，去了解多空的契機；學習如何從「分點研究」，去歸納出主力大戶的動向；學習如何藉力使力、跟進大戶，而又不受傷；學習如何親自選股操作，而不依靠「明牌」？換句話說，如何讓利益最大化，而又兼顧安危，恐怕是散戶最需要關注的課題。

這本書端出的是選股方法SOP，以及盤前如何做功課的SOP。筆者長期婉拒記者的採訪和媒體的曝光、致力於「避免成為熱門名人」，就是希望別讓太多人知道閉關苦修的研究成果。現今已有很多人慢慢悟到：當一項密技廣為人知、大家都在使用時，就會失效！很抱歉，我只願讓少數的有緣讀者成為贏家（二八定律），所以當你吸收精髓之後，就偷偷使用，千萬別再外傳；如果學而未殆，也請悄悄來問我，歡迎您加入我名額有限的建檔讀者行列！祝您成為內行的學習者！

方天龍的新讀者專用信箱：kissbook＠sina.com
方天龍的臉書：https://www.facebook.com/profile.php?id=100010871283091

Contents 目錄

第四章 ◀━━━━━━━━━━━━━━━━━━━━━━━━━━━━━━━━

盤前做功課的SOP

第五章 ◀━━━━━━━━━━━━━━━━━━━━━━━━━━━━━━━━

選股方法SOP

第六章 ◀━━━━━━━━━━━━━━━━━━━━━━━━━━━━━━━━

股票、權證、個股期，三響炮！

第一章
投機股、潛力股與飆股

抓飆股，重要的是膽識和分辨能力

《猶太箴言》裡，有句話是這樣說的：抓住勝利的果實，無論它多麼微不足道；伸手把它抓住，不要讓它溜掉，這樣才能享受到果實的甘甜。

很久以前，在一個集中營裡，某位猶太人曾經對他的兒子說：「當別人說1+1=2的時候，你應該想到1+1>2。」

在戰後倖存的父子倆來到美國，在休士頓做銅器生意。一天，父親問獨生子「一磅銅的價格是多少？」兒子回答說：「3角5分（美元）」

父親說：「是啊，誰都知道一磅銅的的價格是3角5分；但你是猶太人的兒子，應該說『3元5角』才對！你試著把一磅銅做成門把看看，它的價格立刻倍增。」

兒子從父親這句話，得到了重大的啟示。20年後，父親死了，他獨自經營銅器店，做過銅鼓，做過瑞士鐘錶上的簧片，做過奧運會的獎牌；他甚至讓一磅銅，設法賣到3,500美元的高價。這時，他已是麥考爾（MacCall）公司的董事長了。然而，真正使他一戰成名的，是紐約州的一堆垃圾。

那年，美國政府為了清理自由女神像翻新時扔下的廢料，向社會公開招標。但好幾個月過去了，沒人有興趣應標。正在法國旅行的他聽到這個訊息，立即飛往紐約，看過自由女神像下堆積如山的銅塊、螺絲和木料後，未提任何條件，當場就簽了字承包工程。

紐約許多運輸公司對他這個蠢舉動都在偷笑。因為當地對垃圾處理有嚴格規定，搞不好還會受到環保組織的控訴。

但是，就在一些人要等著看笑話時，他開始帶領工人對廢料進行分類。他找人把廢銅熔化，鑄成小自由女神；把水泥塊和木頭加工，做成底座；把廢鉛、廢鋁整理好，做成紐約廣場的鑰匙。最後，他甚至把從自由女神像身上掃下的灰包裝起來，賣給花店。不到3個月的時間，他就把這堆廢料變成了350萬美元的現金，每1磅銅的價格整整翻了一萬倍！

猶太人會做生意，可說舉世知名。以上的故事用於股市，正可說明「抓飆股，重要的是膽識和分辨能力」。飆股人人愛，可惜並不是人人都敢伸手把它抓住，因為多半恐懼「飆得凶也跌得快」，最後被嚴重套牢。所以，什麼樣的飆股「有毒」、什麼樣的飆股不能碰，確實需要一些膽識和分辨能力。猶太人很有想像力，懂得把垃圾分類，並且化腐朽為神奇，於是最後他全身而退、獲利滿滿。說他「投機」嘛，其實極有「膽識」。惟有膽大的人，才敢接這樣的工程；惟有心細的人，才能賺得到快錢。股市抓飆股，何嘗不是如此？

我們每個人來到股市，無非為了「求財」。雖然方向是一致的，但方法各有不同。有的人，以長期抱股、存股賺股利，這叫做「投資」；有的人以短線操作賺價差的，就叫做「投機」。長線「投資」者，常常嘲笑短線進出頻繁的交易者「格局太小、獲利太少」；而短線「投機」者也常調侃抱股一、兩年才有錢賺的「存股者」太愚蠢。但無論如何，「獲利」是唯一的指標，如果本身沒有獲利甚至是慘賠，那就失去嘲笑別人的資格了。

股市可以投資或投機，但絕不可以賭博。投資者重紅利，投機者重消息或時機。這兩種方式都必須了解大盤指數或個股的「位置」：低檔你我都可投資，高檔只能投機。投機股一旦反轉下跌，跌勢必驚人，因此需當機立斷，立即出場。投機股不動，就落後大盤；投機股一動，會領先大盤；投機

行情結束，就陷入盤整；大盤轉空時，投機股就大跌。諸如此類的分辨能力要先「成竹在胸」，才有操作「投機股」的條件。

由於股市的一切，都取決於「傻瓜比股票多，還是股票比傻瓜多」，所以基本上，「閒錢投資，餘錢投機」才是安全之道。但是，每個人的情況都不一樣。專業投資人，可隨時盯盤，很適合操作投機股；而上班族無法看盤，很容易錯失買賣點，所以只能操作績優股。

⊕ 大戶求穩，小資求飆！

筆者從事股票教學工作，已經6年多了，深知大戶贏家的心態，都是求「穩」，也許是因為過去曾經有莽撞大賠的經驗，所以格外珍惜資金，有時明明可以多抱幾天，他卻以「大量、微利」的思維，去經營他的操作。往往不是做當沖，就是做隔日沖。我參加過一個大戶群組（很多位都是擁有上億資金的大戶），實際看他們慷慨分享的「成績單」，獲利雖然驚人，但依我這個喜歡「波段操作」的人看來，他們「價差」的設定也實在太小了。然而，基於風險意識，如果我們慢慢領悟「薄利多銷」的理念，看他們總是穩賺不賠，一定也會承認這樣也很好啊！久而久之，他們「大戶求穩」的風格，我也能接受了。買飆股，就像打少林拳；大戶出手，則有如打太極拳。打少林拳，看起來虎虎生風，猶如在股市賺快錢一樣過癮；而打太極拳，如果不是爐火純青，功力也很難登峰造極。

當然，並非所有的大戶都只做當沖或隔日沖，有些更是長於利用「量縮橫盤」的時機，先行卡位臥底，然後靜待股價大漲時再出貨。他們的耐心十足，可能是因為經濟能力較佳，生活資金來源不虞匱乏。這也是另一種「求穩」之道，最後的結果仍是贏家。而另一方面，我也發現散戶（尤其是小資男女）多半急於翻身，無不想要「一步登天」，於是到處尋找能連續三、四個

漲停的「明牌」！君不見，只有主力大戶可能玩冷門股，小資散戶一定是追逐熱門股的。「買高賣更高」是散戶追高殺低的漂亮口號，只要有8、9%以上漲幅的股票，才能吸引他們的注意。因而投顧老師無不選漲停板的股票來說事，才有辦法吸引散戶參加會員行列。在這種情況下，投顧老師也練就了上電視說謊的能力。無論如何也要把他們介紹的10多檔股票找一檔漲停板的來講。他們顯然已經摸清楚「小資求飆」的心態，並且學會「隱惡揚善」的自我保護功夫！

　　為了照顧我為數不多的粉絲（有緣讀者），6年來我也常常對我的「建檔讀者」私下推薦過不少股票，可說從未失手。因為我不是投顧老師，不需要吸收會員；我主要在「授人以漁」，希望戰友們能自己選股、獨立作戰。只是基於善意，遇到自己有把握的股票，才會提供參考，並事先向戰友們聲明，必須自行研究才能做出「進出」的決策，同時盈虧自負。這也是善意的要求。在和粉絲交流的過程中，我發現小資真的是「一步登天」的心態暴露無遺，幾乎一天都等不及。我一向推薦的股票，都是具有波段上漲的能力，才敢推薦。然而，粉絲們自己做股票，也許只能漲1、2%的都不計較，可是對於我介紹的股票卻期望值極高，隔天不漲就有點受不了，3天不漲就想認賠。事後證明，我推薦的股票100%都是可以獲利下車的。問題只出在小資太心急！他不懂長紅次日出現十字線只是「中繼」位置，休息一天再攻，也是合理的。我在與粉絲戰友的接觸中，已經深深感受到小資族資金有限的難局，他們有時把生活資金都押在股票上了，如果不是買在「噴出」位置，恐怕還得隨時抽資金，這樣怎麼做波段呢？持股者既然壓力十足，那失敗機率就大增。6年來，我推介的股票從沒有一次不讓粉絲賺錢的。可是，小資如果「貪婪急切」的心態一日不改，就無法百戰百勝！

　　簡單地說，我推薦的股票都是「超級潛力股」（Super Stocks），而不是「投機股」，投機股多少有賭的意味，我則對飆股的需求更包含了「求穩」的考量。沒有把握，我是不會隨便推薦的。因為一次推薦失敗，會把我所謂

「神準天王」的英名毀於一旦，豈可不慎！擔任一位股票講師，你要教人，總得露幾手吧！考個分析師執照並不難，可惜官方規定沒有在券商待過一年以上，是不能參加考試的。即使你股市經歷已經數十年，還當過大報證券版的「創版主編」、採訪過數百位基金經理人和操盤手、寫過股票專業書籍30多本，且是現任某大學的股票和權證講師，也不能參加考試！不是嗎？我去打聽過，被拒絕了！這種規定，明顯是券商公會為了自身利益而促成官方規範的！記得筆者從前待過的報社，只要有本領、想進入工作，是任何科系的畢業生都可以參加考試的；而證券分析師的考試，卻有門戶之見，真是不公平啊！

⊕ 以近期8支飆股為例，說明飆股的條件

談到飆股，光說不練是不行的。筆者原先即已選出最近的8檔飆股來說明看盤的技巧，直到臨截稿前又進行過100%的更新。相信專注於股市的人，對這最新的8檔飆股都記憶猶新。提出這8檔飆股的目的，是為了取樣真實，可以從它的飆漲過程，學習操作的思維、判讀和思考、策略。

◎ 玉晶光（3406）

請看圖1-1，玉晶光在2016年11月，股價還只有47.3元，可是不到半年的時間，股價就飆到333元，漲幅高達7倍以上。它可以說是近期台股最會飆的蘋概股。主要是因為市場認為這家光學鏡頭廠有機會拿下i8更多的訂單。尤其它可以切入2017年下半年新一代iPhone後置鏡頭，與大立光分食訂單，有利於營運動能。

從圖1-2來看玉晶光的技術面，這檔飆股的起漲點，就在於跨過60日線（生命線）之後開始轉強。歷經一個初升段之後，在2017年1月13日，

來到118元，股價開始噴出。此後就循著「大漲小回、急跌緩漲」的模式發展。這一天的成交量達到5日均量的3倍（26,213÷9,404 =2.79）。在圖中的❸一度因漲多了，引起獲利回吐的賣壓陷入跌停板，然而跌停板日卻沒有爆大量，甚至是量能急縮非常嚴重，甚至達到5日均量的11.1%的程度（1,787÷16,091）。不僅如此，次日就又量能大增，作了一次大換手，股價才調整沒幾天，又見股價的斜率向上、繼續飆漲。

玉晶光的飆漲過程太耀眼了，當然也不可免的，遭到官方注意、處置乃至分盤交易的懲處，但在解禁後依然繼續漲不停。我們可以看出它的股價一直是在60日線上的多方格局中，「不斷創新高」是它的特徵之一。此外，它也很符合「左低右高」的、沒有壓力的型態。這都是極標準的飆股條件。

什麼時候回檔呢？所謂「漲時不言頂，跌時不言底」，市場的變化總有其道理，我們用不著「摸頭抄底」，除非「型態」上已出現「雙重頂」或「三重頂」，否則只要注意小回檔即可。我們從圖1-2的❶，可以看出2017年2月3日的3-6差離值已達34.19%；圖中的❷在2017年2月18日的3-6差離值則為28.41%；❹在2017年3月31日的3-6差離值則為19.25%。這樣的數值都是相對的短期高點，很容易回檔的。只要短期內它的產業動能需求不減弱，慢慢漲、繼續漲，似乎指日可待。另一方面，這檔股價現今已成為高價股了，一般散戶不會著墨的，所以它的未來也寄望於投資態度較為理性的法人思維中。法人、主力對於價格的認同度，將是決定它未來股價的關鍵因素。

圖1-1 玉晶光在不到半年的時間，股價就飆到333元，漲幅高達7倍以上。

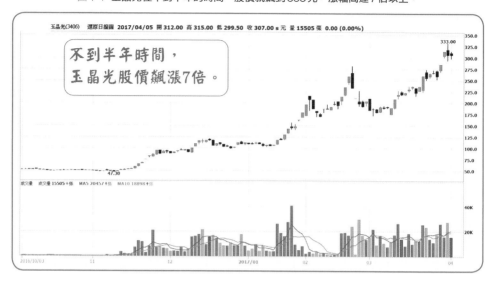

圖1-2 玉晶光大漲小回、急跌緩漲的走勢，始終如一。從3-6差離值約略可以看出它的短期相對高點。

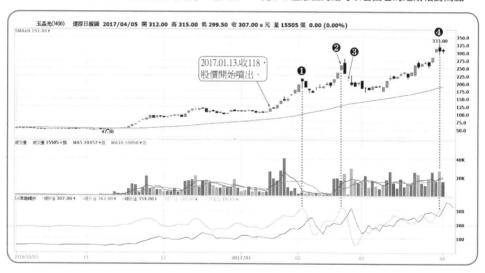

資料來源：XQ全球贏家

◎ 大同（2371）

　　大同（2371）行情開始發熱，是源於2016年5月，它從低點4.49元開始一路走高，半年內股價大漲3倍。猴年（2016年）封關日以漲停價16.75元作收，寫下2011年4月以來新高價。同一期間，相關產業的聲寶、東元卻在跌，可見和家電業無關，純粹是炒作董監改選題材！

• 董監改選題材：

　　大同2017年股東會全面改選董監，而在前一年股東會時，就有小股東不滿大同以往的團隊經營績效，串連放話要搶2017年的董事席，且獲得前10大股東的表態支持。於是，「董監改選行情」想像題材從2016年中開始一路延燒，股價從該年5月低點4.49元一路走高，在2016年9月5日的那一週起，控盤主力和外資才正式卯足勁，引爆技術性的買點，到了2017年1月9日這一週，股價更是激烈噴出，吸引了市場所有的目光，連續4週之後，直到20.65元的高度，才告止漲，波段漲幅達4.6倍，寫下近6年新高。

圖1-3　從週線的籌碼來看，就明顯可見外資和控盤主力的著墨痕跡。

資料來源：XQ全球贏家

• 營運轉機性強：

大同在2017年以來，除了「董監改選」之外，還有「太陽能光電」及「智慧電錶」兩大成長動能的題材可炒，因為預期營運將優於2016年。

2016年合併營收 777.81 億元，年減17.9%；儘管該年前3季每股淨損0.85元，但到了11月轉虧為盈，單月稅後純益9.51億元，每股純益0.07元，主要受惠於「精英」、「華映」及「尚志」等股票的轉投資獲利。

圖1-4　由大同的成長力分析，2017年大同的營收已逐漸轉好。

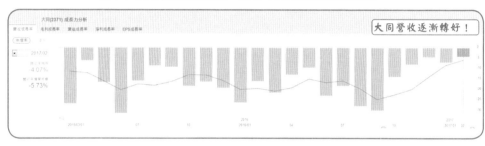

資料來源：XQ全球贏家

• 主力和外資大買特買：

大同股價最大的推手來自特定主力和外資的共同買超力道。2017年1月10日可說是「大同」股價整個行情的噴出日，也就是「攻擊發起線」。在此之前，歷經了13天的黃金數字「時間轉折」，猶如暴風雨前的寧靜。在大家不經意的時候，主力和外資開始聯手大買特買，當天一聲鳴槍，股價就漲停板了。2017年3月3日是「融券最後回補日」，當天大跌8.49%。接著，開始「多殺多」，高價不再出現，套死了一堆追買的散戶。

圖 1-5　2017年1月10日之前，有13天的黃金數字「時間轉折」，猶如暴風雨前的寧靜。

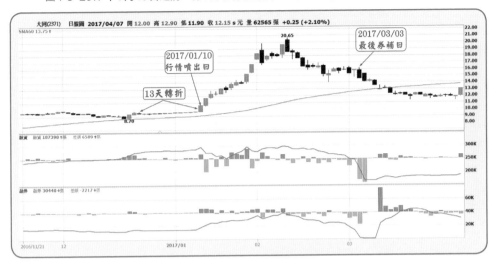

圖 1-6　2017年1月10日，可說是「大同」真正鳴槍起跑的一天，這是當天的走勢

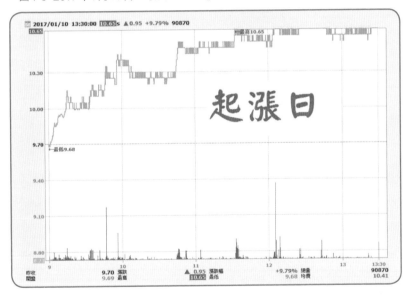

資料來源：XQ全球贏家

•融券最後回補日，就是多頭最後賣出時：

很多散戶不曉得什麼時候該買進，什麼時候該賣出，常常追高殺低。今後請記住一句筆者以往研究的結論：「融券最後回補日（簡稱券補日），就是多頭最後賣出時！」因為研究發現，大部分的股票在融券最後回補日過後，就沒有高點了。因為沒有融券的助漲，而股價又來到了高點，自然容易發生短暫的「多殺多」現象。

表 1-1 「大同」(2371) 行事曆

星期一	星期二	星期三	星期四	星期五	星期六	星期日
			3月2日 停券5天(01)	3月3日 停券5天(02) 融券最後回補日	3月4日 休假	3月5日 休假
3月6日 停資3天(01) 停券5天(03)	3月7日 停資3天(02) 停券5天(04)	3月8日 停資3天(03) 停券5天(05)	3月9日	3月10日 發行公司最後過戶日	3月11日	3月12日
3月13日 發行公司停止過戶日						

圖 1-7　2017年3月3日是「大同」的融券最後回補日，當融券回補完畢，就引發了「多殺多」的結果，
　　　股價終場大跌8.49%。

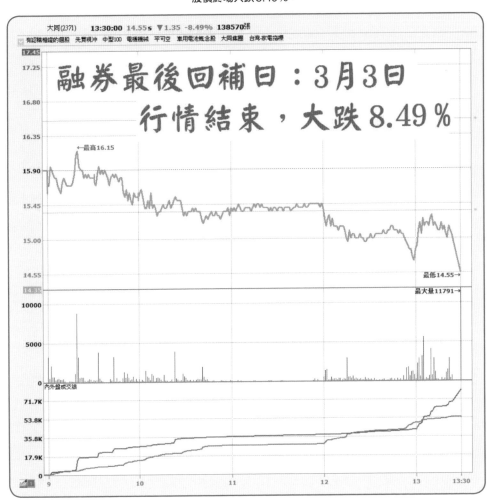

資料來源：XQ 全球贏家

曾經有這麼一個有趣的小故事：

一位富豪到華爾街銀行借5,000美元貸款，借期兩週。然而，銀行貸款
必須要有抵押，於是這位富豪就用停在門口的勞斯萊斯汽車做抵押。銀行職
員將他的勞斯萊斯停在地下室車庫裡，然後借給富豪5,000美元，兩週後富

豪來還錢，利息只有15元。銀行職員發現富豪帳上有幾百萬存款，就問他
為什麼要借款。富豪說：「付15元兩週的停車費，在華爾街是永遠也找不到
的。」

　　「大同」這檔飆股給我們的啟示就是，董監改選通常都是藉口，主力炒股
才是真相。

　　我們看「大同」歷次所謂的董監改選行情，可知完全是假的，看到上影
線要趕快逃命。但這些人每次都只是炒股票，沒有一次真的有搶董監事，看
看k線圖就很清楚了。劃圈處就是之前炒作的位置，每次都炒說覬覦大同資
產，所以有人要搶。結果沒一次是真的！隨後股價出現上影線，然後就暴跌
70%。最慘的還是小散戶！

　　見圖1-8，大同的月線圖，凡圈起來的部分，就是傳說董監改選的位
置，結果都出現上影線的賣壓而斷了散戶的希望。

圖1-8　大同的月線圖。凡傳說有董監改選的行情，事後都證明是假的。

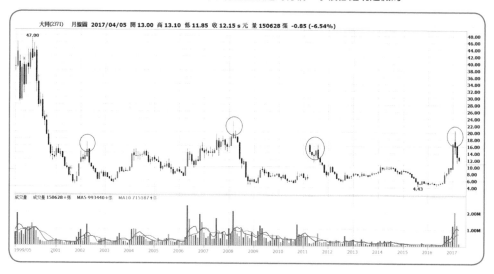

資料來源：XQ全球贏家

◎統新（6426）

「統新」（6426）也是一檔近期的大飆股。看圖1-9，光是週線圖就能發現它的線型非常陡峭，甚至已經超過45度了。這檔上櫃股票不是飆股，又是什麼？

統新光訊公司主要從事製造光纖通訊及精密光學用的薄膜濾光鏡，產品包含高密度波長多工器（DWDM）系統用濾光片、光收發器（Transceiver）濾光片，以及其他精密光學產品所使用各項專用濾光片。這家公司預計於2017年進行擴產計畫，總投資金額預計為2億元，預計擴充30~50%產能，主要購買2至3台被動產品生產機台及研磨切割機、雷射量測機台，同時公司也另外投資1億元設置生產線，以開發生產3D感測產品為主。

統新在2015年6月17日到8月16日曾經實施過一次「庫藏股」，當時平均買回的價格才35.49元而已，如今不到兩年，股價卻已逼近200元，真不可以道里計。由於它一再飆漲，2017年3月16日到3月29日曾遭官方處置。不料，3月30日才剛剛解禁，次日（3月31日）又被注意了。接著，才剛過完4天的連休日，4月5日又被注意了。請看圖1-10「統新」被處置期間的融資、融券變化，我們可以發現處置期間，資券都在減少中。但是，出「關」之後，融資卻在逐漸增加，這表示散戶被它的飆勁吸引住了；而融券卻在逐漸減少，這表示放空的人已有風險意識，因為2017年4月21日就是融券最後回補日了。

從技術面來看，「統新」在33.9元的低點開始（見圖1-11），就慢慢「斜率向上」了。到2017年3月7日收盤95.7元，已經突破2月20日的高點94元，也就脫離盤整的股票箱，向上急漲而去了！這是統新所以成為飆股的最重要理由。

其次，我們從籌碼來加以分析，可以見到外資的買盤非常集中，連續大量買進，是股價所以飆高的最重要力量。外資甚至在「股票箱」的盤整期買盤仍未縮手。

從「統新」我們可以得到這樣的啟示，在盤整期間控盤主力如果仍買個不停，這檔股票的後市就不可小看。但是圖1-11的最後3天外資不買了，股價就會止漲休息（您注意到了嗎？在統新上攻時，外資從來沒有連續3天賣出的？）。

圖1-9 統新（6426）的週線圖非常陡峭。

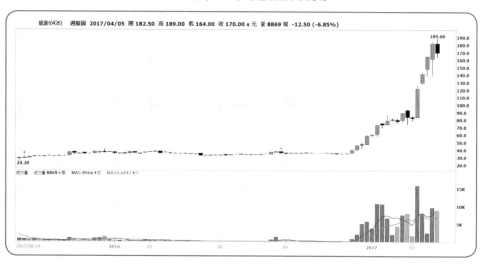

圖1-10 「統新」被處置期間的融資、融券變化。

（統新被處置期間為3/16~3/29）						請價淨 ▼	自設區間 ▼ 從 2017/03/16 到 2017/04/07 加會							
日期	融資						使用率(%)	融券					券資比	資券增地
	買進	賣出	現償	餘額	增減	限額		賣出	買進	券償	餘額	增減		
2017/04/07	627	439	0	4,264	188	8,072	52.82	119	251	1	891	-133	20.90%	509
2017/04/06	317	268	0	4,076	49	8,072	50.50	16	39	0	1,024	-23	25.12%	139
2017/04/05	428	359	0	4,027	69	8,072	49.89	45	61	0	1,047	-16	26.00%	351
2017/03/31	1,338	760	0	3,958	578	8,072	49.03	184	55	0	1,063	129	26.86%	811
2017/03/30	512	294	0	3,380	218	8,072	41.87	255	45	0	934	210	27.63%	360
2017/03/29	3	73	0	3,162	-70	8,072	39.17	21	8	6	724	7	22.90%	27
2017/03/28	14	178	0	3,232	-164	8,072	40.04	2	53	0	717	-51	22.18%	6
2017/03/24	9	23	0	3,396	-14	8,072	42.07	14	62	0	768	-48	22.61%	5
2017/03/23	9	56	3	3,410	-50	8,072	42.24	5	100	1	816	-96	23.93%	31
2017/03/23	79	78	0	3,460	-70	8,072	42.86	2	90	0	912	-90	26.36%	92
2017/03/22	89	29	0	3,459	60	8,072	42.85	2	45	0	1,002	-43	28.97%	29
2017/03/21	39	101	0	3,399	-62	8,072	42.11	10	27	0	1,045	-17	30.74%	20
2017/03/20	9	74	0	3,461	-65	8,072	42.88	7	127	0	1,062	-120	30.68%	40
2017/03/17	23	115	8	3,526	-100	8,072	43.68	32	85	8	1,182	-61	33.52%	22
2017/03/16	5	219	1	3,626	-215	8,072	44.92	17	504	4	1,243	-491	34.28%	53
合計	3,501	3,066	12		423			731	1,554	20		-843		

融資漸增（右側標註）
融券漸減（右側標註）
統新被處置期間（左側標註）

資料來源：XQ全球贏家

圖1-11 統新在突破「股票箱」的高點後，就開始急漲不休。

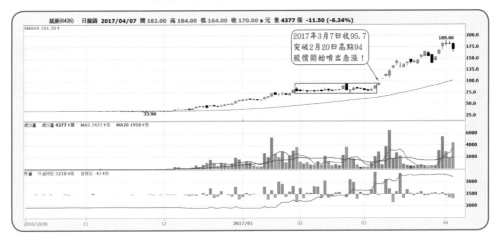

資料來源：XQ全球贏家

◎ 建錩（5014）

「建錩」（5014）也是一檔線型很陡的飆股，從圖1-12的週線圖可以看到它的上漲角度，幾乎快70度了。在圖中，有兩根長上影線，前一根為2017年3月13日，週高點為27.5元，該週的「乖離率20」已經達到96.03%了，但仍被後一根長上影線突破超越（該週高點為27.8元）。

這檔飆股的上漲條件是：伴隨國際鎳價走高，不銹鋼買家追價，基本面好轉，所以不到半年股價就飆漲4.6倍，市場上都知道它的董事長李慶柏是個敢於投資「精密加工」事業的人，他引進最好的大型自動化設備，經營體質扶搖直上，客戶群也不斷增加，如染整機械、紙漿處理桶、化工桶槽、壓力容器、窯業機械等需要的不銹鋼材都可大量供應，最新開發的「止滑板」在公共設施、營建工程獲得良好口碑，在兩岸與國際間布局有成，進一步強化競爭力。

根據外資法人的看法，「建錩」大陸的營運份量強過台灣，貼近市場考量下，未來爆發力值得期待，不過，必須留意國際鎳價不穩定，這是一大疑

慮，加上個股暴漲後可能暴跌，這波主力操作痕跡明顯，投資人應注意追高風險，冷靜保守以對。

然而，根據筆者從技術面和籌碼面的觀察，這檔股票的控盤主力是由主力轉交給投信、外資接棒的。我們從圖1-13可以看出，投信很聰明，都買在起漲點，然後接下來就看外資表現了。他自己則「坐以待幣」（等著數鈔票）。

其次，我發現「建錩」的股性「振幅」很大，請看圖1-13，「建錩」在「緩漲急跌」的多頭走勢中，「急跌」的表現非常明顯。例如它在連漲5天的情況下，於2017年3月16日收黑的次日，就直接打到跌停（收在⊕23.5）；接下來，在橫盤6天之後的第7天，再度打下跌停（收在⊕21.15）。可說「洗盤」非常徹底。

這檔飆股帶給我們什麼啟示呢？我們看圖1-12，2017年3月13日這週的上影線不代表股價要跌了嗎？不料，股價最終又往上了。可見凡是「出現上影線卻在下一根又收紅K」的股票，就是飆股，它就像打不死的蟑螂一樣，生命力非常頑強，那這檔股票就不可小看。

圖1-12　「建錩」（5014）的週線圖，上漲角度高達70度。

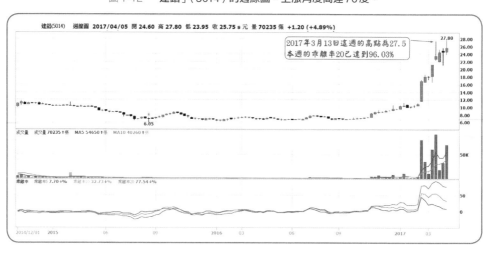

資料來源：XQ全球贏家

圖 1-13 「建錩」（5014）上攻時的主力與法人籌碼結構圖。

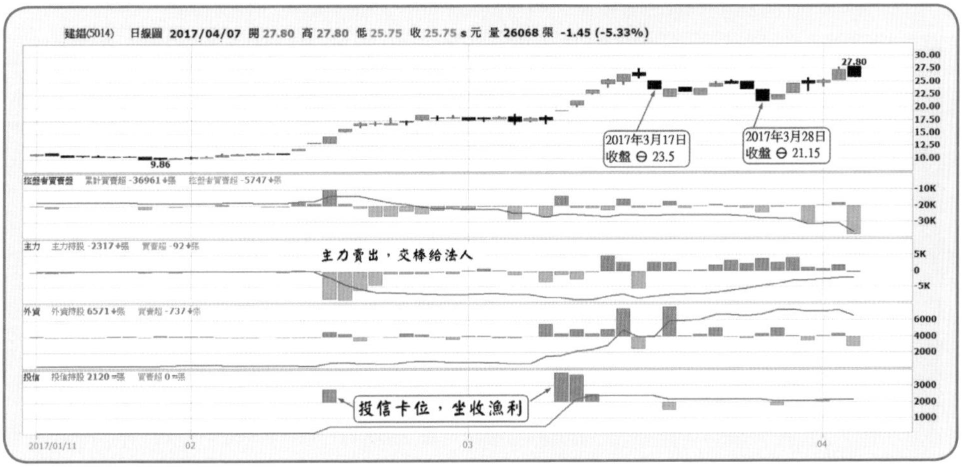

資料來源：XQ全球贏家

◎ 旺宏（2337）

「旺宏」（2337）成為一檔飆股，是有各方面的選股條件的。尤其它的股本和其他的飆股，可說有天壤之別。別的飆股多半是小股本，跑起來比較輕快，而它卻是367.21億的大股本！

從基本面來看，它的營收比重主要是：NOR Flash65.02%、唯讀記憶體14.94%、FOUNDRY12.07%、Nand Flash7.79%、其他0.18%。

編碼型快閃記憶體（NOR Flash） 因美光及南韓、日本等主要大廠退出NOR生產，市場需求持續增加，才會如此供不應求，預期NOR市況「至少會熱兩年」。正如旺宏的董事長吳敏求所說，這波NOR市場大好，主要是供需失衡所造成，在「供給減、需求增」之下，價格自然走揚。但是旺宏內部評估，若要啟動12吋廠新擴建計畫，至少要三、四百億元資金，旺宏剛從谷底逐步回復元氣，不會砸大錢擴產，加上大廠普遍不再投資NOR，可預見短期內市場供給幾乎不會有太多變化；就算大廠想要回頭擴產，短期內也無法釋出產能，因此他樂觀預期，這一波NOR盛況，將可延續兩年。董事長都這樣說了，市場當然看好旺宏漲價效應，激勵股價走揚，因而使得這檔大型股也成為飆股。

從營收面來看，旺宏截至2016年第4季已經連續兩季獲利，每股淨值回升到5.07元，法人看好2017年第2季可望持續獲利，力拚5月中旬能脫離「全額交割股」的行列。目前旺宏NOR Flash市占率約24%，居於領導地位，較Cypress（賽普拉斯）市占率約21%、美光市占率約20%高，華邦電則居第四名。2016年下半年開始，NAND Flash和DRAM價格上漲，累計漲幅近60%，帶動NOR Flash跟著上漲。請看圖1-14「旺宏」（2337）的成長力分析圖，即可了解。

我們看圖1-15，「旺宏」的週線在2016年的低點2.11元，短期內衝到14.25元，也顯出線型陡峭的局面，除了基本面的因素之外，背後的籌碼因素主要是建立在外資和投信的聯手大買！看圖1-16，外資大買之後，投信不久就跟進，並且越買越急。不斷上漲的格局是很明顯的。它當然也受到官方不斷的警示、注意，例如被裁定2017年4月5日到2017年4月18日改為每10分鐘撮合。但似乎並不影響買盤的進駐，畢竟它本來就是「全額交割股」，買賣方式的不便，是投資人已經習慣的。

圖1-14　**「旺宏」（2337）近兩年來的成長力分析圖。**

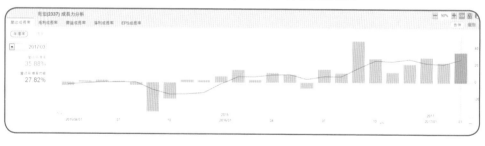

資料來源：XQ全球贏家

圖1-15　「旺宏」（2337）的週線圖，也很陡峭。

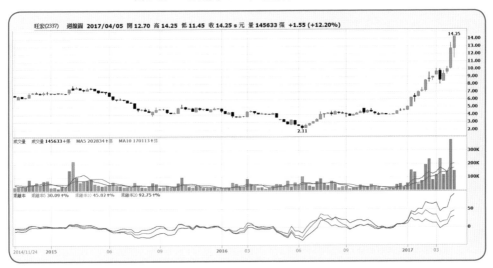

圖1-16　大型股的「旺宏」飆漲，背後的籌碼因素是建立在外資和投信聯手大買。

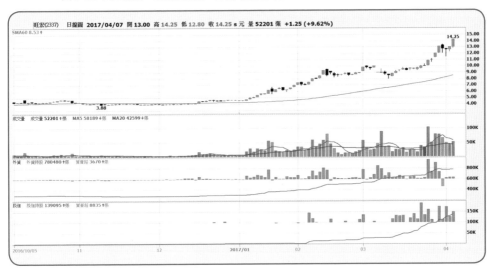

資料來源：XQ全球贏家

◎ 華邦電（2344）

「華邦電」（2344）2017年拜NOR Flash價格上漲，以及美光、賽普拉斯等大廠相繼退出NOR Flash事業，成為最大受惠者。而華邦電除了攻進蘋果Macbook供應鏈外，又以利基型DRAM產品打入iPhone7之中，此外更切入虛擬實境（VR）市場，配合新廠下半年起即將開始挹注營收，3x奈米DRAM還將搭上這波DRAM需求潮，可說利多題材一波波。該公司在法人說明會表示，2016年歸屬母公司稅後淨利達28.98億元，每股淨利0.81元，法人看好2017年可望配發0.5元以上現金股利。同時，華邦電專攻一線系統大廠的策略傳出捷報，華邦電512Mb LPDDR2搭配英特爾數據機晶片一同出貨，已打進蘋果iPhone7供應鏈，因而法人預估2017年有機會再打進Apple Watch及iPhone8供應鏈。

由於營運轉型已見成效，所以「轉虧為盈」應是華邦電成為飆股的主因，否則它的股本也不小——358億元。一般飆股多半是中小型股，跑起來動作比較俐落，它如果沒有特殊理由，是不會受到法人重視的。大型股如果沒有法人加持，根本推動不了這麼龐大的股本。原本台灣的DRAM產業是被看「衰」的，主因即在於沒有屬於自己的專利技術。華邦電非常熟悉這樣的情況，於是在2009年做了一個特別的決定，就是結束與技術母廠日商爾必達（Elpida Memory,Inc.）的技術授權協議，並且買下當時已經破產的DRAM廠奇夢達（Qimonda）的46奈米製程技術，決定開發自己的專利技術。最後終於成功打破台灣DRAM廠商沒有專利技術的困境。

我們看圖1-17，「華邦電」（2344）的週線圖，飆漲的線型和「旺宏」非常相似。再看圖1-18，我們更可以發現三大法人在「華邦電」（2344）的著墨很深，尤以投信為甚，從2017年3月以來，幾乎一路買進，毫無歇止。可見投信非常信任華邦電總經理詹東義說的「未來在NOR FLASH市場，台灣廠商華邦電不但可以擊敗目前的龍頭廠美光與飛索，更可以主導全球的供應鏈」。再看圖1-19這是「華邦電」（2344）的日線圖，帶動上漲的力量是完全由於籌碼集中。

圖 1-17　「華邦電」（2344）的週線圖，飆漲的線型和「旺宏」非常相似。

圖 1-18　三大法人在「華邦電」（2344）的著墨很深，尤以投信為甚。

三大法人近期在華邦電的籌碼表現　查詢區間 2017/03/09 到 2017/04/07 時組

日期	外資	投信	自行買賣	自營避險	三大法人	外資	投信	自營商	三大法人	外資	三大法人
							估計持股			持股比重	
2017/04/07	6,137	2,083	1,531	6,902	15,753	802,581	112,059	29,793	944,433	22.41%	26.37%
2017/04/06	3,762	-2,894	-607	-839	-578	796,434	109,976	22,260	928,670	22.24%	25.93%
2017/04/05	31,581	-1,287	-6,927	-762	22,605	792,824	112,870	23,706	929,400	22.14%	25.95%
2017/03/31	17,025	7,151	535	-3,444	21,267	760,750	114,157	31,395	906,302	21.24%	25.31%
2017/03/30	-11,415	16,503	-5,836	-2,401	-3,149	745,598	107,006	34,304	886,908	20.82%	24.77%
2017/03/29	30,417	3,286	2,474	4,545	40,722	757,123	90,503	42,541	890,167	21.14%	24.86%
2017/03/28	-12,025	6,893	-3,790	-5,259	-14,181	727,142	87,217	35,522	849,881	20.31%	23.74%
2017/03/27	-1,698	10,954	1,233	2,478	12,967	739,750	80,324	44,571	864,645	20.66%	24.15%
2017/03/24	-14,114	15,082	14,296	-1,098	14,168	741,221	69,370	40,860	851,451	20.70%	23.78%
2017/03/23	9,164	14,690	3,898	-1,372	26,380	754,910	54,288	27,660	836,858	21.08%	23.37%
2017/03/22	4,919	4,898	1,052	2,698	13,567	745,470	39,598	25,134	810,202	20.82%	22.63%
2017/03/21	-342	4,463	404	-3,399	1,126	742,250	34,700	21,384	798,334	20.73%	22.30%
2017/03/20	1,339	9,097	1,510	7,415	19,361	742,382	30,237	24,379	796,998	20.73%	22.26%
2017/03/17	-659	94	1,154	2,089	2,678	740,975	21,140	15,454	777,569	20.69%	21.71%
2017/03/16	3,687	100	71	-425	3,433	741,657	21,046	12,211	774,914	20.71%	21.64%
2017/03/15	-850	2,201	1,546	-768	2,129	738,297	20,946	12,565	771,808	20.62%	21.56%
2017/03/14	-6,374	1,405	-36	-225	-5,230	738,902	18,745	11,787	769,434	20.63%	21.48%
2017/03/13	73	5,526	0	1,071	6,670	745,232	17,340	12,048	774,620	20.81%	21.63%
2017/03/10	-2,335	50	16	-1,543	-3,812	745,690	11,814	10,977	768,481	20.82%	21.46%
2017/03/09	-12,215	250	111	-9	-11,923	747,318	11,764	12,504	771,586	20.87%	21.55%
合計	46,017	100,545	12,637	4,754	163,963						

資料來源：XQ全球贏家

圖 1-19 這是「華邦電」（2344）的日線圖，帶動上漲的力量是籌碼集中。

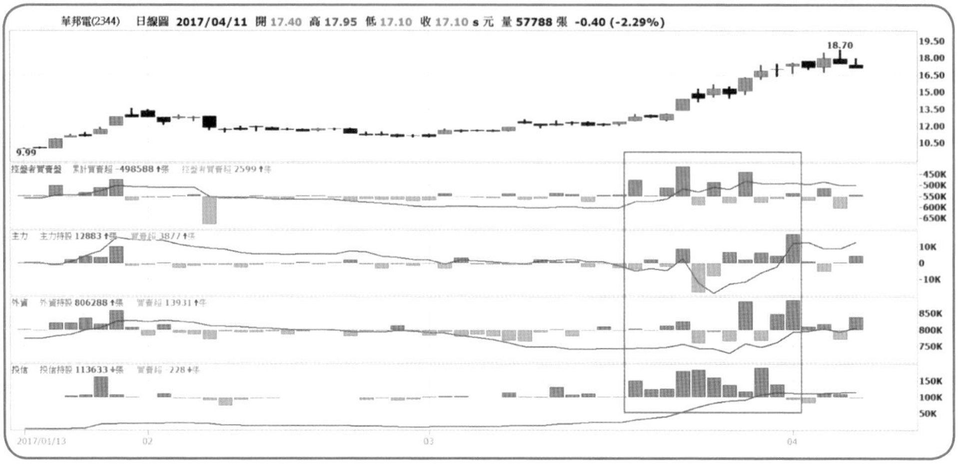

資料來源：XQ全球贏家

◎敦泰（3545）

「敦泰」（3545）的股本不大，只有29.51億元，它也曾有一段時間成為飆股。

敦泰董事長胡正大是美國普林斯頓大學電機博士，曾歷任IBM和工研院，轉而進入台積電任職，並擔任過台灣半導體產業協會秘書長，對台灣半導體業瞭若指掌。觸控和驅動晶片廠敦泰營運逐步自谷底回升，獲利開始好轉，加上步入產業旺季，吸引投信和自營商同步大買超。敦泰大股東「凌陽」曾公告將以每股不低於27元價位，處分手上敦泰持股8,000張。在凌陽完成處分前，對敦泰來說是潛在賣壓。

想做大波段的飆股行情，可以選擇「敦泰」。我們看圖1-20，這是「敦泰」（3545）的日線圖之一，它從24.65元飆漲到39.15元。再看圖1-21，這是「敦泰」（3545）的日線圖之二。在它回檔之後，又從30.8元飆漲到45.3元。這都是2017年接連發生的事。

圖 1-20 「敦泰」（3545）的日線圖之一（從24.65飆漲到39.15）。

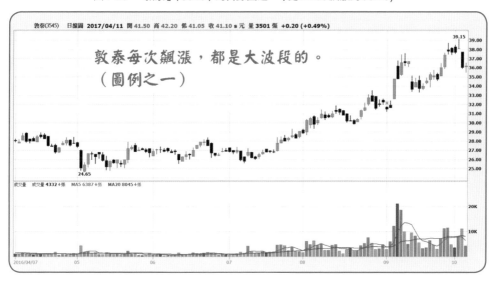

圖 1-21 「敦泰」（3545）的日線圖之二（從30.8飆漲到45.3)。

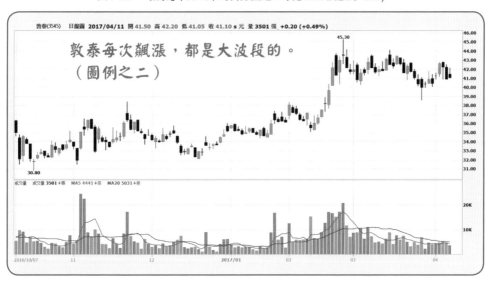

資料來源：XQ全球贏家

◎ 廣宇（2328）

「廣宇」（2328）的股本：51.83億元。2017年也有一段時間大大的受到關注，因為富爸爸鴻海的關係，讓它搭上了飆漲列車。

鴻海集團旗下廣宇受惠集團效益，就只因鴻海併購夏普（Sharp）帶來新訂單，且上半年轉虧為盈促使股價強漲。由於持有轉投資公司漢陽光電，漢陽在上海所有資產建物有意開發改建為商場。漢陽正進行變更地目，將轉為商業用地，相關商場開發案獲利挹注公司可期。此外，除了轉投資獲利之外，廣宇在鴻海集團光環下，取得夏普光電相關零組件訂單，有助挹注本業獲利，由於2017年4月仍在初期接單，廣宇不願透露訂單品項與單量，僅證實取得光電相關訂單，並表達對近期營收貢獻不明顯，且無法評論訂單量是否逐季增加。

但是看圖1-22，從10.7元到32.55元這一段就飆漲了3倍。可見股票飆漲，「話題性」也很重要。

圖1-22　「廣宇」（2328）的日線圖。

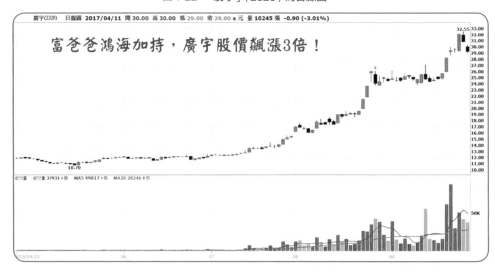

資料來源：XQ全球贏家

⊕ 飆股進出場點的規畫

　　從以上8檔隨手拈來的飆股看來，所謂的飆股，都是有各種理由撐腰的。大致上如下：

一、小股本的飆股，通常都是由主力主導；大股本的飆股，則沒有法人投入幾乎不可能帶動大行情。

二、主力主導的飆股，常常由法人接棒拉抬。基本上，主力股常由知道公司內情的主力先行運作，當法人進一步獲知時，也會介入。

三、同樣一檔股票，有時主力介入時，是小行情；等法人介入時，則有較大的行情。這也證明資金大小是行情能走多遠的關鍵。

三、注意股市黃曆，當財報公布日前飆股往往會先發動。真的到了該公布的日期，有時你會跟不到（例如跳空漲停）或利多出盡，主力趁機出貨。

四、營收成長與董監改選，常是飆股的藉口，其實最重要的仍是必須有人用銀子將行情堆砌起來。如果不是主力大戶用金錢去推動，要一盤散沙的小資男女去經營一段行情，幾乎是不可能的，所以必須研究大戶持股比例以及籌碼集中度。

五、從技術面來看，飆股的起漲點，都有一個「潛伏底」，也就是線型糾結的時期。

六、當量縮而價穩時，不論用的是哪幾條均線的糾結後打開，一旦形成多頭排列，就是飆股的買進點。

七、用各種技術指標，都可以找到飆股的買進點，因為它通常會以突破「股票箱」來鳴槍起跑。

八、漲停板是飆股最重要的訊號，往往一個漲停板出現，什麼指標都不必看了，因為都是黃金交叉式的優美線型。所以重要的是看它的「延續性」。

九、飆股的焦點雖然在漲停板，但我們的買點卻要在漲停板之前。因為現代主力的手法新穎，漲停板之後的變化極多。只有在之前掌握，才能穩操勝券。

十、飆股的進出場點，都宜有下一根K線的確認。

⊕ 買飆股，會有什麼危機？（5連陽卻被處置）

大部分的投資專家都說「絕不碰投機股」。然而，什麼是投機股呢？筆者前文已說過，「股市可以投資或投機，但絕不可以賭博。」那些所謂的投資專家，誤把投機當成賭博了。其實，投資是一門科學，投機卻是一種藝術。只要功力夠，「投機一下」並沒什麼可怕的，正如養狗人家不怕狗、養蛇人家不怕蛇一樣。我們只要以投資的眼光計算股票，以投機的技巧保障利益，就行了。所謂「黑貓白貓，能抓老鼠的就是好貓」，這就說明了一切！

舉例來說，「低檔」你我都可投資，而「高檔」卻只能投機一下。這就彰顯股市相對的「位置」很重要，它可能是「買賣時機」正確與否的關鍵，也是「買賣動機」的善惡的分野。那麼，高檔怎麼進行「投機」呢？很可能是「快進快出」或「反向放空」，總之，不需要退出市場、不需要等待、隨時可以面對市場的態度，就是充分運用了「投機」這個法寶。

不過，有人說：「臺灣股票市場是投機者的天堂、賭徒的樂園，小心它也是吃人的市場。」這話倒也不假，只是筆者的理解可能和您不同。在股市中，「吃人的」可能不一定是零和遊戲的對手，有時連遊戲的「裁判」都軋一

腳！呵呵^_^

　　有一次，一位粉絲讀者寫信問我，「業強（6124）已經漲這麼多了，還能買嗎？」這位讀者很用功，自行選出的「業強」可就是一檔被指為「投機股」的股票。當事人在想要買進時，心中多少也有一點不安。

　　現在，我們就以「業強」為例，來看看「投機股」。這一檔投機股，線型已經比「紅三兵」漲得更多了，還能買嗎？我經過仔細研究之後，就很肯定地回覆讀者，表示還有高點，並確認可以買進。事後證明我的觀察沒有錯，它果然繼續狂飆了。

　　然而，到了型態出現「五連陽」時，卻被官方處置了！這引起我們更多的省思，究竟如何看待「投機」一事，才能「既占便宜又不受傷害」？為什麼技術面上這麼優秀的「五連陽」卻被「裁判」判定是壞球？

　　首先，我要了解一下，「業強」（6124）的股本是18.25億元。所屬產業主要是LED。營收以「熱導管」、LED照明設備的比重最大。

　　請看圖1-22，圖中的5根紅K，一路向上，在這樣比「紅三兵」強勢的「五連陽」之後，為什麼還有高點呢？主要的判讀方式如下：

一、它的量能是經過沈澱之後，再度捲起龐大的量能，所以有足夠的力道再繼續上衝。

二、這個強勢的「五連陽」，位置是低檔的，所以不該這麼快就結束。

三、從網狀趨勢來看，它的買點過後，還沒出現賣點，所以仍有行情。（見圖1-24）

四、「業強」的董監持股比重逐漸增高，表示內部人士也很看好自家的股票。（圖1-25）

五、千張以上的大戶，由89.55%上升到91.19%。

六、讀者問到該股票時，我查它的營收年增率也確實有20、30%的成
長。主力師出有名。

七、從籌碼看，某一位大戶在飆漲之前一週，其實已經悄悄買進4,225
張股票（分5天買進，約8,606萬元），更證明此股必漲！

八、在飆漲之前，有多次鉅額交易的事實，但在被官方「注意」之後，
就停止鉅額交易的動作了。

除此之外，當然還有其他各種上漲的理由。但是，儘管如此，這檔股票
在飆漲到第6天就被處置了！

圖1-23 「業強」（6124）的日線圖。

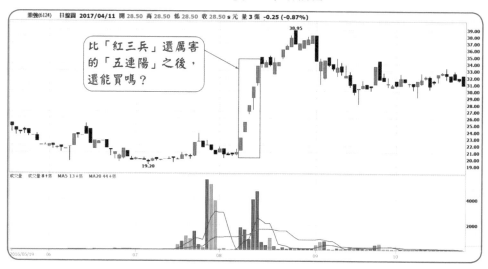

資料來源：XQ全球贏家

圖 1-24 從「業強」（6124）的網狀趨勢來看，低檔五連陽之後，仍有高點。

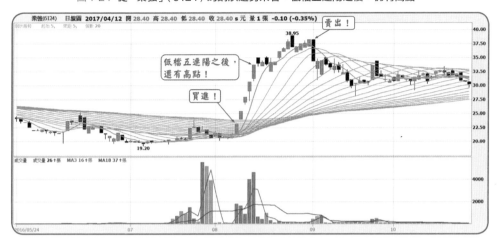

圖 1-25 業強的董監持股比重逐漸增高，表示內部人士也很看好自家的股票。

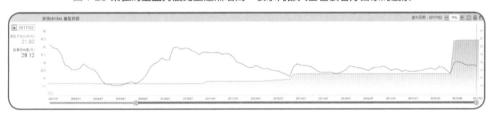

資料來源：XQ 全球贏家

✛ 什麼樣的投機股，可以被選為短線操作的標的？

如上分析，投機股，只要經過研究，仍然可以在有把握的情況「穩穩獲利」的，因為我們散戶的角色其實只是「選邊站」而已。假如多頭主力大戶進了場，我們就可以根據一些證據，而決定進出。所以，至少有3個條件必須考慮：

一、有主力埋伏的股票。

二、有營收支撐的股票。

三、放量>1,000張以上、股價>5元的股票。（一般選股都宜淘汰股價<5元、成交量<500張的股票）除此之外，最好也能檢視一下「乖離率」。「乖離率」太高，代表股價已經炒高了，不宜介入。「乖離率」的標準不一定，多頭時期，一般都能接受較大的乖離率；相反的，空頭時期，一般無法接受較大的乖離率。

至於「有主力埋伏的股票」怎麼選出來呢？

不妨用30天內券商主力買超大於2,000張，以及技術面還不錯的條件。「成交量」特別放大，往往成為被「注意」的特徵，可見主力進場的蹤跡亦不例外。所以有人趣稱「飆股在哪裡？都在官方監視系統的掌握中」。所以要找飆股，就乾脆去查「注意」資訊就行了。其實，時間上已晚了，因為有的主力不怕被懲處，但大部分主力都怕被移送偵辦，所以飆股仍必須事先找好，才方便搭個便車。一旦上了官方的「注意」資訊中，風險性就大增了。

圖 1-26 上櫃公布的注意有價證券資訊，業強被「注意」的事項。

編號	證券代號	證券名稱	累計	注意交易資訊	公告日期	收盤價	本益比
				期間：105/07/27~105/09/20　查詢範圍：6124　🖨 列印/匯出HTML　💾 另存CSV			
				最近六個營業日(含當日)累積之最後成交價漲幅達30.09%(第一款) 統一證券公司當日受託買進該有價證券之成交量占當日該有價證券總成交量之比率為34.83%，富邦證券公司當日受託賣出該有價證券之成交量占當日該有價證券總成交量之比率為41.92%(第五款)	105/08/17	33.85	N/A
				最近六個營業日(含當日)累積之最後成交價漲幅達41.06%(第一款)	105/08/16	34.2	N/A
				最近六個營業日(含當日)累積之最後成交價漲幅達50.48%(第一款)	105/08/15	34	N/A
1	6124	業強	6	最近六個營業日(含當日)累積之最後成交價漲幅達51.03%(第一款) 當日之成交量較最近六十個營業日日平均成交量放大7.07倍(第三款)	105/08/12	33.7	N/A
				最近六個營業日(含當日)累積之最後成交價漲幅達41.56%(第一款) 群益證券公司當日受託買進該有價證券之成交量占當日該有價證券總成交量之比率為36.4%，群益證券公司當日受託賣出該有價證券之成交量占當日該有價證券總成交量之比率為32.57%(第五款)	105/08/11	30.65	N/A
				最近六個營業日(含當日)累積之最後成交價漲幅達31.23%(第一款)	105/08/10	27.9	N/A

資料來源：櫃買中心

主力企圖、周轉率與價量關係

　　股市會漲會跌，有經驗的行家就知道，主力企圖心是決定多空誰的勝算大的因素。然而，主力的企圖心如何，從哪裡可以看出來呢？依我個人的見解，我們可以從「交易明細」看出來。上下5檔猶如攻防的盾牌，但只有交易明細才是真槍實彈。除非是對敲的「假單」，否則最值得參考的還是「交易明細」。

　　我們看圖1-27，這是一檔股票的操作版面，在右方的「單量」一欄中，可以看到成交一筆的張數。並非上百張才是主力買的，因為有些股票本身的成交量就很小，連續10筆10張，就約略等於百張了。主力如果一次拋出百張的巨量，有時也不一定會成交。圖中提到「空方強力反擊時，價位卻一直維持在37.7之上」，這樣的註解，就是筆者的一種觀察。這樣的觀察最後得到尾盤果真上漲的印證，也表示判讀正確。這是根據「主力企圖心」所下的印象，來決定戰略的最好方法。

圖1-27　觀察一檔股票的交易明細，可以看出主力的企圖心。

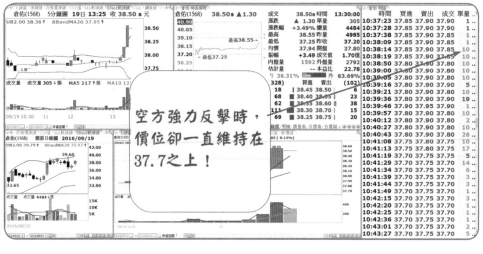

資料來源：XQ全球贏家

除了主力的企圖心之外，周轉率也是觀察飆股的重要因素。「周轉率」，也叫做「換手率」，它則是強勢股必備的溫度計。透過周轉率，我們就可以明白的看出一檔股票的熱絡程度。所以，股票的周轉率越高，意味人們購買該股票的意願越高，屬於熱門股；股票的周轉率越低，則表明該股票少人關注，屬於冷門股。

　　但是，在股價初漲時，周轉率突然上升，是好事；但股票持續上漲了一個時期後，如果周轉率又迅速上升，這可不一定是好事，因為這可能意味著一些賺到錢的人要大賣了，股價可能會下跌。

　　此外，價量關係在研究飆股時也很重要。

　　「大軍未動，糧秣先行」這句古語，說的就是「量是價的先行指標」。價量配合得當的飆股，才能投入，否則很危險。那麼怎樣才算「價量配合」得很好呢？

　　價量配合的兩種基本型態：

　　❶ 價漲的時候：量增表示投資人看好，勇於追高買進；量縮表示「價量背離」、「投資人追價意願不高」。所以，價格上漲，「量」就要跟上來。

　　❷ 價跌的時候：量增表示投資人看壞，才會殺低求售；量縮表示「不想賣了」、「賣方沒有子彈攻擊了」。所以，價格下跌，「量」就越小越好。

　　價量背離的3種基本型態：

　　❶ 價漲量縮：量一縮，通常價在3天內就會下來。「窒息量」指的是只有「月平均量」的一半或3分之1的小量。這代表浮額已經徹底的洗清，股價反彈的機會就要到了！

　　❷ 價跌量增：這可能是投資人仍在恐慌性下跌中。量一日不縮，一日不宜搶反彈。靜待「橫盤量縮」到出現「窒息量」為止。

　　❸ 價平量增：量如果大增，基本上就是要上漲；如果連續2天「價增量平」，表示股價已近頂。漲不動了！那麼再會飆的股票，也要小心線型彎下來。

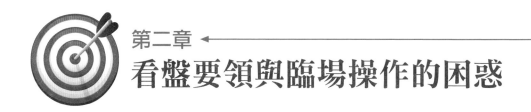

第二章
看盤要領與臨場操作的困惑

短、中、長期的投資指引

美國一個研究「成功」的機構,曾經長期追蹤一百個年輕人,直到他們年滿65歲。結果發現:只有一個人很富有,其中有5個人有經濟保障,剩下94人情況不太好,可算是失敗者。

這94個人之所以晚年拮据,並非年輕時努力不夠,主要因為沒有選定清晰的目標,或者是雖有目標卻不知變通、不肯改變。

松樹毛蟲集體吐絲在松樹上結網為巢。每當黃昏時刻,牠們就傾巢而出,列隊爬過樹幹,去吃那些充滿汁液的松葉。這些毛蟲在走動時,有一種互相跟隨的本能,頭頭走在前面,後面緊跟著一條條的毛蟲,秩序井然,蜿蜒而行。走在前面的頭頭,一邊爬行,一邊不斷地吐出一條絲。不管牠走到哪裡,絲就吐到哪裡,其吐絲鋪路的目的,就是不論走多遠,都能順著絲路回巢,而不會迷路。

但是,這一群會排隊的毛毛蟲,也常常因盲從而迷了路。法國昆蟲學家法布爾曾對松樹毛蟲做了一項實驗。他把一隊的毛蟲引到一個高大的花盆上,等全隊的毛蟲爬上花盆邊緣形成圓圈時,法布爾就用布將花盆上四周的絲擦掉,僅留下花盆邊緣上的絲,並在花盆中央放了一些松葉。松樹毛蟲開始繞著花盆邊緣走,一隻接一隻盲目地走,一圈又一圈重複地走,牠們認為只要有絲路在,就不會迷路。如此走了十天九夜,根本不知道距離幾公分處有豐富的食物,最後終因飢餓而力竭身亡。

股市也是一樣，想要成為贏家，態度不能一成不變。如果操作者不懂得因時制宜、不肯改變，終將與故事中的毛毛蟲一樣迷了路。

　　筆者常常強調「買書一定要買新書」，原因就是股市的遊戲規則即令不是一日三變，至少也是經常在調整，如果一直沿襲老成規、不思改變，很容易被誤導。例如早上三小時的看盤時間，已改為延至下午一時半結束，那麼看盤到中午12時，就不算「接近尾盤的時候」；又例如漲跌幅由7%改為10%，那麼3%就算不上完美的長紅；又例如1998年才開始實施「周休二日」，那麼你的均線老是設定6日作為周線，就有點怪異；過去季線可能是72日或90日，現在大家都使用60日線了。凡此種種，不跟上時代，就會落後了。

　　每一個人的投資屬性不同，交易的方式也就不同。有人做短，有人做長，也有人做「不長不短」的波段。短中長期的投資策略，可說「運用之妙，存乎一心」。

　　其次，在買股票之前，先要了解當下的總體經濟情況，進一步再評估一下股市大盤的走勢，然後才去買股票，這種方法叫做「由上而下」（Top Down）法。在目前台灣的法人界已經不太流行了，取而代之的是「由下而上」（Buttom up）法，就是特別注重選股，因為經濟景氣好的時候，照樣有上市櫃公司賺不到錢；不好的時候，更容易賠錢。惟有獨具慧眼，才能在千百支能賺錢的股票選中飆股。

　　通常景氣好轉的日子，台股都有一段比較「偏多」的時日，長抱確實比較有利，於是造就出媒體的大肆渲染，找出財務自由的富人為範例，來吸引讀者，藉以強調「存股法」的好處。這方面的專家訴諸「懶人操盤法」，基本上的理論是，一年只要進出一次或兩次就夠了，根本不用整天看盤、研究什麼技術分析或籌碼面，反正只要掌握高殖利率、低本益比即可。然而，存什麼股最有效率呢？誰不想得到一檔能漲不停且完全坐享其成的大飆股呢？專

家有給出什麼股票嗎？當然也是假借官方「不可推薦明牌」的說詞，來避免提出答案，所以，換句話說，您也撿不著什麼便宜，仍然得花上好大一段時間、好好研究所謂的「基本面」。真是「天下沒有白吃的午餐」！

我們以車電族群的「同致」來說，由於它的產品線30多年來單純致力於車電零組件研發和製造，也就是說，該公司很注重經營方向和策略，並且致力於本業的銷售和創新能力，所以極受法人的追捧。我們看圖2-1，這是「同致」（3552）在某一時期——姑稱之為Ａ段時期的週線圖。這可是一檔大飆股吧？它的飆漲時期非常長的，因為這是週線圖，每一根Ｋ棒都代表著一週的交易。在Ａ時段裡的每一天都是買點，因為即使買高了，還有更高。如果隨便做短線或當沖，會發現自己老是賣掉之後，又買更高價！真的不如「長抱」！

圖2-1　「同致」（3552）在Ａ段時期的週線圖。

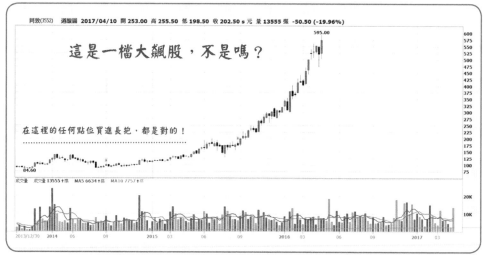

資料來源：XQ全球贏家

然而，如果我們看圖2-2可以發現「好花不常開，好友不常在」，股市中的「無常」現身了！在圖中虛框之內的任何時日（姑且把此一區間，稱之為「B時段」吧！）進場做多，都有很大的風險。在這盤整或下跌波中做多，日子會很難過的，因為怎麼做都是錯的！

圖2-2　**盤整或下跌波段做多，不會有好日子。**

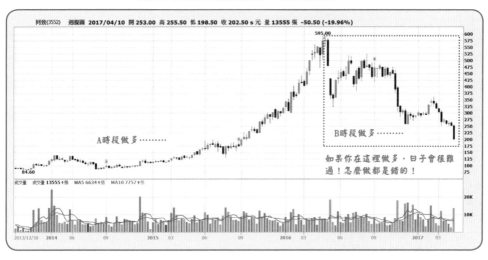

圖2-3　「同致」在盤整的行情裡，猶如溫水煮青蛙，很難想像它會從595元的價位，一路走到198.5元。

資料來源：XQ全球贏家

筆者曾經在當沖方面下過很多功夫，深感當沖、隔日沖都只是練盤感而已，真正賺得多的仍然是做「波段」。然而，「波段」這兩個字，並沒有方向性，它可能上漲，也可能下跌，因此，它的解釋也可以是：在股價下跌的趨勢裏，只要股價不向上突破前一個波段的最高價，它的下跌波段尚未完成；然而一旦突破前一波段的最高價，它的下跌波段已在反轉向上的最低價位之處完成。

從這樣的解釋，我們就可以體會到在上漲的波段中，股價不回跌或跌破起漲點，我們根本無法確定這個上漲波段已經結束。也就是說，就算是我們買到起漲點的價位，在股價還沒跌破成本價時，我們就不能說波段已經走完。我們只能概括地說，一波上漲或一波下跌運動的階段性終結，叫做「波段」。

基本上，短中長期或許可以這樣比較具體地加以區分：

一、短線：指當日沖銷、隔日沖銷或3日以內，都叫做「短線操作」。

二、短波：指短波段5～9日以內的操作。

三、中波：指18～27日以內的波段操作。

四、長波：指54～72天以內的波段操作。

有人把一個投資人持股期間的長短，分成5種類型：

（一）、帽客：每天在號子裡搶進搶出（搶帽子）、做當日沖銷的人。

（二）、短線客：兩、三天就進出股票，從中賺取差價的人。其持股期間比帽客長些。

（三）、短期投資者：持股期間達3個月左右才賣出者。

（四）、中期投資者：持股期間達3個月至一年左右才賣出者。

（五）、長期投資者：持股期間達一年以上才賣出者。

從這樣的分法，可知：我們前面說的波段操作，仍是屬於短期投資。就像波浪理論一樣，關注波段的轉折點，研判頭部與底部，尋求在最短期間內的利益最大化。在下跌波中減碼，省去下跌波段的損失；在上升波段中加碼，以求賺取更大的利潤。這就是波段操作的目的。

⊕ 找到好股票時，如何選擇適合的進出場時點？

所謂「找到好股票」，通常指的是「找到能賺錢的股票」，因為我們可不是在評選100大優良企業（好公司）或10大風雲人物（好董事長或優良團隊），所以股票的能否賺錢才是值得我們關心的事。

一檔股票能否賺錢，和它的「位置」很有關係。如果在低位階而又有動能，那麼股票的潛在能力就算很強；如果在高位階而又漲到天高地遠、投資人也已經賺得盆滿缽滿，那麼這檔股票隨時都有可能從天空栽下來，產生「多殺多」的局面，可見股票「好不好」，首先則必須關注它的「位置」。「位置」對了，就可以決定一檔股票的進出場時點。

其次，我們常聽基本面派的專家說，「選擇股票，要從基本面著手；而買賣時機，則用技術分析來作抉擇。」而技術面派的行家，則認為應先從技術面找到適合進出場的股票，然後再挑股票。其實，雙方說來說去，都主張技術線型非常重要。換句話說，市場的「趨勢」不可不知。

股神巴菲特曾說過：市場永遠是對的，不要與趨勢作對；在多空變化迅速的投資環境中，永遠不要和趨勢作對。

因此，可以歸納出這樣的結論：操盤，須先判斷大盤的趨勢、了解方

向。大盤多頭結構，只做多單；空頭結構，只做空單，才能大幅提高成功率。

至於個股呢？基本上，股價走勢共有3種特性，也就是俗稱的趨勢：

一、向上趨勢，也就是多頭行情。

二、向下趨勢，也就是空頭行情。

三、橫向趨勢，也就是盤整行情。

趨勢一旦形成，就不會輕易改變。股價永遠領先你得到的資訊。能不能抓到大趨勢，是投資成敗的關鍵，太著重短線操作容易失敗，所以一定要像國際投資大師一樣，精準抓到大趨勢，才能創造自己的資產成長。

我們再進一步來說，趨勢變化，大致可以歸類為3大項：

（一）主要趨勢：主要趨勢的形成，大約要1~2年。因為從谷底到谷底約需3~4年。上升和下降都約持續1~2年。而且多頭市場通常比空頭市場更長，這正是多頭市場所以「緩慢上漲」而空頭市場「多半急跌」的主因。由幾個「主要趨勢」，也能構築成10~25年的「極長期趨勢」。通常主要的多頭行情漲幅一定會大於空頭行情中的跌幅。相反的，在一個極長期的下跌趨勢中，其空頭行情跌幅一定會大於多頭行情中的漲幅。主要趨勢的分析最常被應用於「債券」和「股票」。雖然外匯也可以分析，但容易受到官方的干預，因而效果較差。

（二）中期趨勢：中期趨勢通常有一個主要的上升波段，中間有漲有跌，大約維持在2週到半年不等。中期趨勢可以幫助我們研判主要趨勢是否即將反轉向上或向下。所以，中期趨勢的分析也很重要。

（三）短期趨勢：大部分的散戶多半是玩「短線」的居多。然而，短期趨勢所涵蓋的時間大約1~4週，它是「中期趨勢」中所包含的走勢。短期趨

勢比較容易受到社會治安或經濟變化而波動，所以比中期趨勢較難判斷。一般來說，趨勢如果涵蓋的時間愈長，愈容易掌握。短期趨勢包括了「盤中趨勢」，它雖然是一種極短線的走勢圖，有時甚至要運用到「分鐘線」，不過，技術分析仍可適用。一般來說，盤中常因受到人為所操控，波動較大；而某些突發新聞事件，也會影響股價。所以，分時走勢圖中的反轉型態，只具極短期的意義，並不適用於研判中、長期趨勢。

此外，我們常在分析圖中看到許多的「峰」（高點）和「谷」（低點）的走勢圖，但只知道價位的最高點與最低點，而不知道如何判斷它的反轉契機。這部分才是我們必須學習的關鍵方向。

通常，一個上漲的行情，是由一連串的波浪所造成的，每一個波峰的高點和谷底的低點都不斷的比上一次的高點和低點更高。一旦這種連續性峰位和谷底改變了，那就意味著情勢即將反轉。如果在空頭期間，表示快要往上漲了；在多頭期間，就表示要往下跌了。如圖2-4所示：

圖2-4 **股市處於多頭市場與空頭市場情況下的兩種型態！**

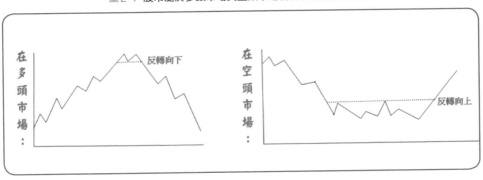

資料來源：XQ全球贏家

✛ 盤中如何操作，可以減少意外的失落感？

2017年4月20日，大盤處於偏空的情境之下，筆者的許多粉絲都覺得「最近不好做了」。是的，如果你是專門做多的話，在股市偏空的情況下，當然是「逆向而行」，也就是「反趨勢而行」，自然會覺得吃力。

一般來說，多頭時間一到，再爛的股票都會飆漲；空頭時間來臨，再好的股票都走不遠。股市制勝的法則，就是「與趨勢為友、與情緒為敵」，所以要順勢而為。如果「趨勢」已經成為你的朋友，那你又為何要逆勢操作呢？

不是的，有時並非你想要逆勢而行，而是不曉得到底大盤是「多」是「空」。在無法分辨的情況下，於是就出「意外」了！

分辨的方法，其實很簡單。凡是是在漲勢，作多一定會賺；如果作多不賺，就不是在漲勢。反過來說，凡是是在跌勢，作空一定會賺；如果作空不賺，就不是在跌勢。

如果你有慧根，你就會跟，因為市場永遠是對的。市場是最佳導師。市場往什麼方向，跟著市場的方向走就對了。

在投資市場，專業團隊的操作，不是遵循價格高低來下單的，而是根據走勢結構，如果行情走勢的結構合理，即便再高，也可以買進；如果結構不合理，即便再低，都要空手，不搶最低和最高，這才是理性和科學的，而新手往往喜歡猜頂和猜底，最後就敗在「逆勢而為」。我們先來看看2017年4月20日這天大盤的「位置」。

圖2-5 2017年4月20日加權指數的日線圖。

資料來源：XQ全球贏家

　　從圖2-5，我們可以看到加權指數的「型態」已經成為「三尊頭」的技術型態了！

　　什麼叫做「三尊頭」呢？

圖2-6 2017年4月20日的大盤型態極符合圖左的型態。

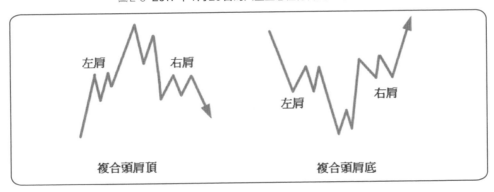

資料來源：XQ全球贏家

三尊頭又稱為「三重頂」，是一種反轉型態的技術線型。典型三重頂，通常出現在一個較短的時期內及穿破支持線而形成。另一種確認三重頂訊號，可從整體的成交量中找到。當圖形在形成的過程中，成交量也會慢慢變少，直到價格又再上漲到第三個高價時，成交量便開始增加（見圖2-7），形成一個確認「三重頂」的訊號。不過，一般的「三重頂」都是左肩量最大，因為要上攻，必須有量才行，而下跌不需要有量。只有比較凶悍的主力會一次把貨倒光，而造成「量大價跌」（大戶拋、散戶接）、右肩量最大的結果。

　　任何頭肩型，特別是頭部超過肩部不夠多時，可稱為三重頂型態。三重頂型態也和雙重頂十分相似，只是多一個頂，且各頂分得很開、很深。成交量在上漲期間一次比一次少。股價上升一段時間後，投資人開始獲利回吐，市場在他們的賣出下從第一個峰頂下跌，當股價跌到某一個區域時，就吸引了一些看好後市的投資人的興趣，另外以前在高價賣出的投資人，也可能逢低回補，於是行情再度回升，但市場買氣還不是很旺盛，在股價回復到與前一高價附近時就再度走軟，但在前一個回檔錯過低點買進的投資人及短線客的買盤拉升下，由於高點二次都受阻，股價逐步下滑到前兩次低點時一些短線買盤開始停損，所以又跌破前兩次下跌的低點（也就是「頸線」），於是整個三重頂的型態便告形成。

　　那麼，這個「三尊頭」對大盤有什麼影響呢？

　　（1）、三重頂的頂峰與頂峰，或谷底與谷底間隔距離與時間不必相等。

　　（2）、三個頂點價格不必相等，大致相差３％以內就可以了。

　　（3）、三重頂的第三個頂，成交量非常小時，即顯示出下跌的徵兆，而三重底在第三個底部上升時，成交量大增，即顯示出股價具有突破頸線的趨勢。

　　（4）、從理論上來說，三重頂最小漲幅或跌幅，都有一倍以上，頂部愈寬，力量愈強。

圖2-7　一般的三尊頭型態，多是左肩量最大。但是，「所羅門」的三尊頭型態案例則是右肩量最大。

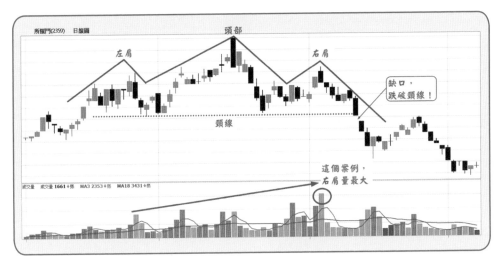

資料來源：XQ全球贏家

　　我們了解什麼是「三重頂」之後，如何面對大盤的當時情境，便了然於心了。簡單地說，就是偏空。

　　在這種情況下，已經飆漲太多的股票都難免會出現意外反轉的結果。例如原本一週之內漲幅達到22.2%的「先進光」（3362），在2017年4月20日這天卻意外跌停了！

圖2-8　2017年4月20日的「先進光」（3362）走勢。

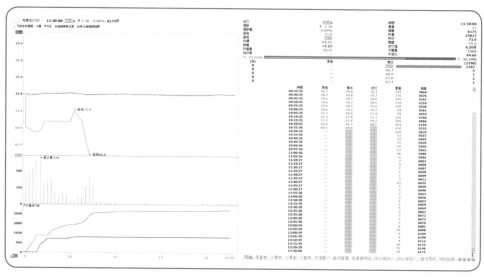

資料來源：XQ全球贏家

當時強勢的「先進光」為什麼會「跌停」呢？

它的大跌理由分析如下：

一、大盤不好，覆巢之下無完卵。強勢股也被拖累了！

所謂沒有天天過年的行情，既然大盤非常不好，就得保守看待，不宜過度追高。即使強勢股也可能會有所變化，這是所有的操盤人不可存有僥倖心理的「必要之惡」，風險意識不可沒有。我們看圖2-8，2017年4月20日的「先進光」（3362）走勢，它的量能線型是否有些詭異？沒錯，它被櫃檯買賣中心列為「處置股」了。它因為連續3個營業日犯了該中心作業要點第四條第一項第一款的規定，被公布注意交易資訊，所以從2017年04月20日起10個營業日，也就是2017年04月20日至2017年05月04日，都得接受官方的「處置」。如果碰到休市、有價證券停止買賣、全日暫停交易，就順延執行。圖2-8中的量能就是改以「人工管制的撮合終端機執行撮合作業」，大約每5分鐘撮合一次！

主力群看到這樣被處置,自然不敢太過囂張。所以,行情反映一下變化,也不應該是意外。但是,散戶如果不夠專業,不注意到股票已被處置,仍冒險追高,自然會以為是意外了。

圖2-9 「先進光」被列警示股,夠專業的投資人就不能不注意。

先進光(3362) 重大行事曆	
	股東會
日期	2017/06/20
最後過戶日	2017/04/21
停止過戶期間	2017/04/22 ~2017/06/20
融券最後回補日	2017/04/14
停止融資期間	--
停止融券期間	2017/04/14 ~2017/04/19
新股上市日	
息值/權值/現增股數/減資比率(%)	--
現金股利發放日	--
現增價格	--
近期財經活動	
警示股	2017/04/20~2017/05/04 改為每5分鐘撮合

資料來源:XQ全球贏家

二、從籌碼面來看，在2017年4月20日當天，五大股市勢力並沒有救「先進光」。

請看圖2-10，布林通道原本在高軌上方的「先進光」已經跌落在高軌的線下了。其次，當天的長線控盤主力不但沒有支持，反而呈現的是賣超672張；一般主力大戶也賣超31張；外資賣超5張；投信和自營商亦無著墨；它既然沒有權證，自然也沒有避險的買盤。所以，總合這5股勢力來評估，可以說都沒有護盤之意，因而當天不跌也難。

圖2-10　「先進光」跌停當日的籌碼情況。

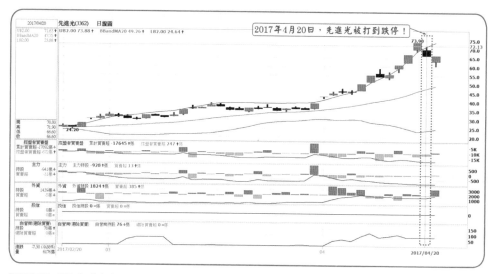

資料來源：XQ全球贏家

三、從技術指標來看，「收集派發指標」是負值，「買賣家數差」呈正值；6日RSI（69.74%）小於12日RSI（74.91%）；MACD的紅柱在0軸以上縮短了；K值（89.24%）小於D值（91.22%）。凡此種種，都可以看出「先進光」這一天的情況不妙！

圖2-11 「先進光」在案例日期的收集派發指標和買賣家數差，都呈現不利股價。

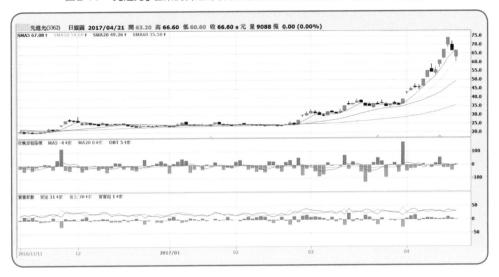

圖2-12 「先進光」在案例日期的RSI和KD、MACD指標情況。

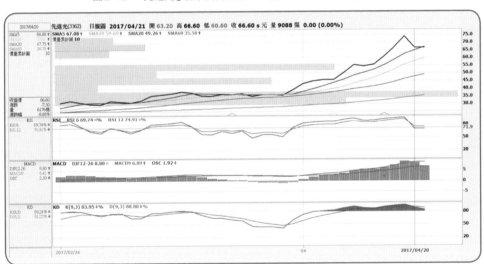

資料來源：XQ全球贏家

用心、專心、信心、耐心，是克服意外的良方

在股市中能不能成為贏家，最起碼的標準，是需要用心和專心。有一句話說：「勤奮不一定會成功，但懶惰一定會失敗！」用心，就是把操作股票當成重要的事來做。謀定而後動，先認真做好功課再出手，比較容易成功。永遠以初學者的心態進入股市，步步謹慎才能成為股市的長青樹。

操盤如下棋，需要冷靜理性、不慌不忙的態度，盤中不可任意改變心意。這就是專心。買股時勿衝動，賣股時要果斷；不見兔子不撒鷹！要確認會贏才出手。這都不能沒有專心的功夫。迎風的樹，結不牢果實；衝動的投資，賺不到應得的利潤。

其次，說到信心，只要能做好準備，就會在心中產生信心。以「刺蝟原理」來說，狐狸總是千方百計的找方法攻擊刺蝟，但是刺蝟只知道一件事情，就是把身體縮起來、把刺張開來保護自己。雖然刺蝟只知道一招，可是這一招就足以抵擋狐狸的千百招，這場戰爭最後還是刺蝟獲得勝利。所以，堅持能贏，最後還有賴於信心。

至於耐心，更是贏家的最大本事，很多長線大戶都是在股市量縮平靜的時機，先行「卡位」的，以前述所提及的「先進光」，在筆者研究兩年來的籌碼時，便發現有一位大戶，叫做「元富大裕」，他在 2015 年 6 月 18 日就開始大量進行買進，到 2015 年 8 月 16 日，總共買了 1,500 張，平均買進成本價才 19.28 元，而截至 2017 年 4 月 21 日為止，股價已經漲到 66.6 元，漲幅已達 3.45 倍了！不過，經深入調查，這位「元富大裕」其實只是「先進光」公司的「庫藏股」分點而已。可見學習「庫藏股」的買進時點，就是耐心的培養良方。他日必有大收成！

圖2-13 「元富大裕」在集中買進「先進光」的時間和「庫藏股」的買進日期完全吻合。

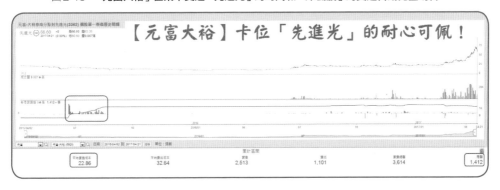

圖2-14 「先進光」最後一次庫藏股實施的時間。

先進光(3362) 庫藏股									
董事會 決議日期	預計情形			實行結果					
	買回股數 (千股)	申請金額佔 流動資產比 (%)	買回期間	買價區間 (元)	買回股數 (千股)	買回期間	買回總價款 (千元)	平均買價 (元)	目前持有股數 (千股)	買回執行率 (%)	買後持股佔 實本比(%)
2015/06/1 7	3,000	7.90	2015/06/1 8 ~ 2015/08/1 6	15.00 ~ 30.00	1,500	2015/06/2 2 ~ 2015/08/1 4	28,946	19.30	1,500	50.00	1.61

資料來源：XQ全球贏家

⊕ 當股價突然劇烈漲跌時，如何避險？

　　美國華爾街股市有句名言：「行情總在絕望中誕生，在半信半疑中成長，在憧憬中成熟，在充滿希望中毀滅！」這話說的是股市的無常與不可測。但一般來說，指的是長線的行情。然而，縮小來看，一日的行情可不是也是如此？股價本身有暴漲之後必暴跌、打底之後必彈升的自行調整特性。而在一日之中，也有橫盤之後，在你不經意的情況下，突然猛攻或大跌，如果你沒有盯盤，或者在一千多檔的股票中，沒有注意到這一檔時，你可能就失去進場搶短或及時放空的機會。

　　請看圖2-15，這就是「大學光」（3218）一日的個股走勢，很容易跌破你的眼鏡！這檔股票在2017年4月25日的開盤價位是27.8元，漲幅3.53%。開盤之後，依然是台股的慣常習性——先殺再說，當獲利回吐的賣壓告一段落，股價就開始橫盤整理。成交量也開始萎縮，最低來到26.9元。直到上午11時30分左右，我們可以發現，股價突然開始急拉。看圖2-14的「交易明細」，可以得知有連續的買單在進攻，成交於外盤。然後，這檔股票呈現的是大多頭的走勢，連續3次攻擊都是「高，會過前高；低，不破前低」的特徵。接著，到了11時59分33秒，股票專業軟體（全球XQ贏家）出現了3個警示條件：

　　主力默默收集籌碼後攻堅。（多方訊息）

　　股價領先大盤創新高。（多方訊息）

　　多頭突破分點進出異常價位。（多方訊息）

　　這3個訊息，是什麼意思呢？在拙著《100張圖抓住漲跌停》（財經傳訊出版社出版／方天龍著）都有解釋。有這3個訊息同時加持，股票的威力可說「勢如破竹」，連攻3波，果然來到了漲停板的價位！這又是一次「抓漲停板」的好範例！

不僅如此,在接近中午的12時0分8秒,軟體又發出了一個訊息,也是屬於「多方訊息」!什麼訊息呢?就是「多方發動午餐奇襲」。中午時段是人們最容易鬆懈的時候,多方主力就是運用大家不注意的時刻,迅速搶攻成功。這就是奇襲!「奇襲」是「攻其不備」、令人「意想不到」的戰爭手法,成功率極高。「大學光」主力的奇襲,也以攻抵漲停板,表現出驚人的效率!

接下來,到了中午12時19分43秒,軟體又發出了最後一個訊息,就是「週轉率高點發動突破」。週轉率,和主力介入的動作,有很大的關係。這一天的盤後成交量是5,042張,如果我們把它除以「大學光」(3218)的股本——7.61億元(意思是該公司有76,100張股票),那麼周轉率就是5,042張÷76, 100張×100%=6.62%。

這一天的「大學光」盤後計算周轉率達到6.62%,算是周轉率很高的股票。就以出現訊號那時來說吧!當時的成交量是2,762張,周轉率也高達3.62%了(2,762張÷76, 100張×100%=3.62%)。

「大學光」在周轉率高點時還能夠突破,是一件好事。股價不久就抵達漲停板了!

然而,問題來了!如果我們投資人能在上午9時到11時30分之間買進股票,那麼在漲停板附近把股票出掉,那麼就要恭喜了!偏偏有些上班族無法看盤,當股價拉上漲停之後沒有及時「處理」,結果收盤價就變成28.1元了,距離漲停板29.5元的高價,已有4.74%的跌幅,不可不謂「慘重」啊!這簡直是「抱上又抱下」,變成悲劇了!

圖 2-15 「大學光」（3218）在2017年4月25日的「分時走勢圖」。

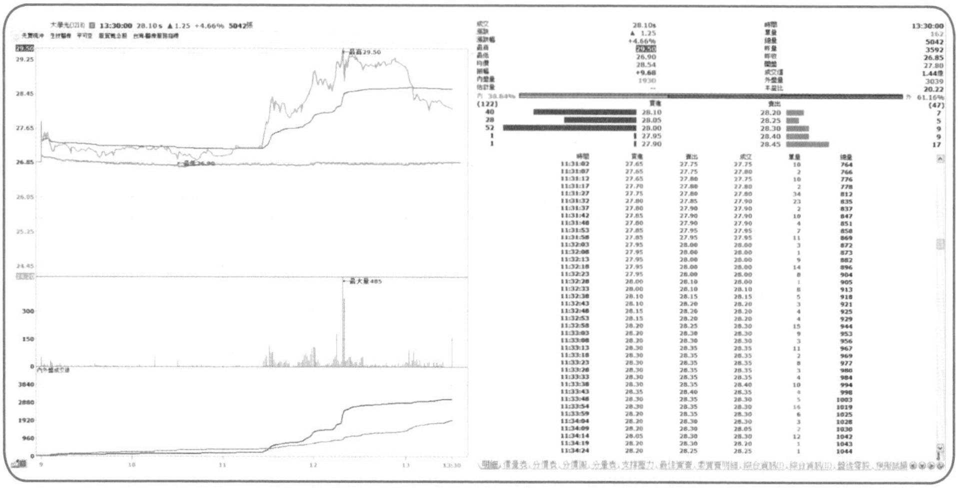

資料來源：XQ全球贏家

現在我們來剖析一下，「大學光」為什麼出現這樣的意外呢？

如果從圖2-16「大學光」（3218）在2017年4月20日~25日的「泡沫圖」，以及短期個股籌碼的研究，我們可以很清楚地知道，這是因為參與者有不少的隔日沖大戶，因而股價充滿了變數。如果不知底細，貿然買進，就得手腳要快。因為隔日沖大戶都是行動非常迅速的一群獵豹。他們買進的時候，會用市價、大筆金額迅速鎖住漲停板，讓你來不及買到，然後在次日，只要有一點小賺，立刻傾巢殺出，會讓你措手不及。

隔日沖大戶現今慢慢手法變複雜了，有時會連續對同檔股票買了就賣，又突然再買進，再殺出。行蹤慢慢變得比以前複雜了。在這一波的「大學光」之役中，知名的虎尾幫和嘉義幫都有參與。我們就以其中一個知名的分點來看，它的動作如下：

2017年4月20日（星期四），買進60張「大學光」。均價是27.8元。

2017年4月21日（星期五），賣出60張「大學光」。均價是28.12元。（隔日沖成功獲利！）

2017年4月24日（星期一），再度介入，買進漲停板價（29.5元）的「大學光」150張，結果也賣出94張「大學光」（28.75元×60張、28.3元×29張、28.2元×5張）。

從前兩點來看，這兩天的隔日沖是成功獲利的，於是第三天就食髓知味，打算再來一次，不過這次漲停板沒鎖住，被敲開了。於是，他們再跟著先減碼再說，以免次日賠得更多。因而更加重了漲停板打開之後的賣壓。

圖2-16 「**大學光**」（3218）在2017年4月20日~25日的「**泡沫圖**」。

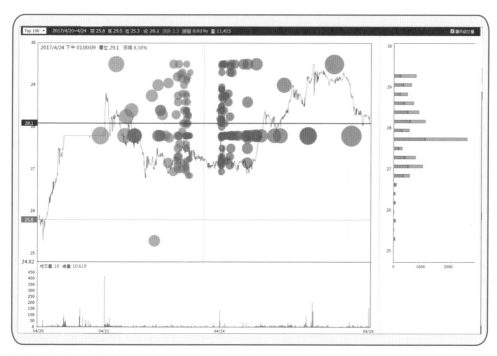

資料來源：籌碼K線

一般來說，漲停板被打開，如果沒有再鎖回漲停板，後市就不好了。所以，根據經驗值，仍以小賠為宜。

此外，根據筆者的經驗值，如果股價差一點碰到漲停板，卻突然彎下來，那就更不好了。（如圖2-18）

以「鋁新」（2415）為例。它在2017年1月9日的「分時走勢圖」就是如此，差一點衝到漲停板，可是股價卻突然發生轉折向下，出了意外。追高的人很容易受傷。遇上這種「股票在盤中翻臉」的情況，該如何處置呢？

首先，「鋁新」（2415）這天的走勢，也出現許多和前述的「大學光」（3218）一樣的多方訊息：

主力默默收集籌碼後攻堅。（多方訊息）

股價領先大盤創新高。（多方訊息）

多頭突破分點進出異常價位。（多方訊息）

它也是在「周轉率高點發動突破」之後，先喜後憂。

圖2-17 「鋁新」（2415）在2017年1月9日在盤中出現的警示條件。

序號	時間	警示條件	來源
9	10:49:13	(多方)即將鎖第一根漲停的中小型股	雲端策略中心
8	09:35:24	(多方)股價領先大盤創新高	雲端策略中心
7	09:35:24	(多方)主力默默收集籌碼後攻堅	雲端策略中心
6	09:35:24	(多方)週轉率高點發動突破	雲端策略中心
5	09:35:14	(多方)低PB股的逆襲	雲端策略中心
4	09:35:14	(多方)低預估本益比攻勢發動	雲端策略中心
3	09:35:14	(多方)上下游股價異常波動	雲端策略中心
2	09:34:32	(多方)股價突破籌碼沈澱區	雲端策略中心
1	09:00:14	(多方)多頭突破分點進出異常價位	雲端策略中心

資料來源：XQ全球贏家

圖 2-18 「鋁新」（2415）在 2017 年 1 月 9 日的「分時走勢圖」。

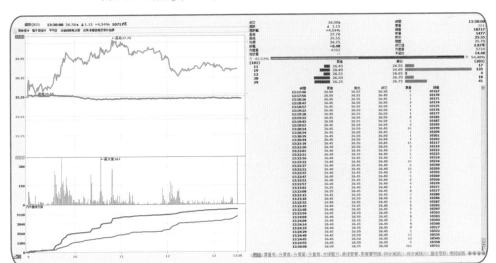

資料來源：XQ全球贏家

　　遇上這種股價震盪的時候，怎麼辦呢？不妨做個當沖，不要留倉。那麼，如何掌握當沖的買賣時機？

　　買點宜選在股價過前高，且內外盤成交線原本糾結打開後看到外盤成交線高於內盤成交線時，就可買進。同時，最好注意一下當天的成交量，必須帶量突破而上（圖 2-19：本日首次暴量突破開盤以來高點）。

　　如果低檔已經買進，在股價衝高彎下來時，當它跌破頸線，就宜先賣出。

圖2-19 「鋊新」買賣點的掌握示意圖。

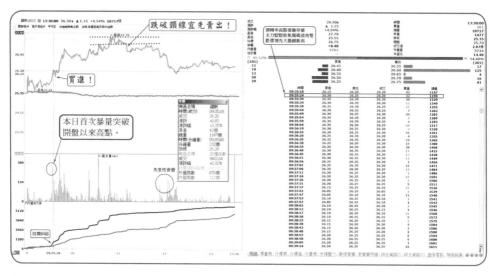

資料來源：XQ全球贏家

如果我們用5分鐘線來看。則有以下幾個訣竅：

一、出現長紅暴量過前高，再跳空拉回，就要買進。

二、當股價已高時，跌破長紅低點27.2元就是警訊，拉高就要賣。

通常股價本來看多，後來變成看空，在日線圖上的K線，多半會變成一條長長的上影線。（請見圖2-21）

圖 2-20 「鋁新」5分鐘圖的走勢。

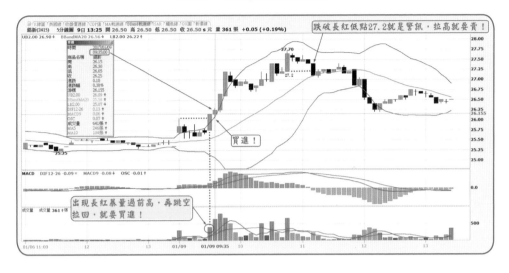

圖 2-21 「鋁新」翻多為空，在日線圖上就留下一條長長的上影線。

資料來源：XQ全球贏家

為了防止股價變動的意外，我們最好採取多空對鎖及事先掛價的方法來加以避險。克服意外，有5點關鍵需要注意：

一、了解主力的習性

例如隔日沖大戶，他的資金絕延不到第四天。所以，如果隨著他第二天要賣出時，順便放空，萬一被軋（有時隔日沖大戶會故意開盤就拉一根「一」字型漲停），也不用太擔心。

二、當心騙線

懂得技術線型，也可能被蒙蔽。尤其近年布林通道站上高軌，有時也是賣點，而非買點，因為主力會「反其道而行之」。

三、籌碼集中也有假

款券匯撥這一招，提防上當。就是說，主力在甲帳戶買進，卻用款券匯撥方式在另一家券商出。

四、大單別忙跟進，看看股價的變化

跟進大戶買盤，慎防對敲的「假單」！判斷對敲的方法也很簡單，看它其後的股價是往上還是往下，便知道了。因為如果大單買進，股價怎麼可能不動或跌下來，不是嗎？

五、虛掛知實力，最好選另一邊

「五筆最佳買賣單」中，任何一方會一直抽單的，表示實力不夠，通常缺乏上攻的力道。

⊕ 上班族如何控管資金，如何掛價交易？

　　一個投資人碰到股價激烈震盪而感到惶恐，表示「投資比例太高」。好比你有200萬資金，如果手上持股價值約有10萬，那投資比例就很低，萬一被套住了，也不會太緊張，因為你還有190萬可以動用，不至於「動彈不得」；可是，如果你只有10萬元的資金卻全部買了股票，並且還使用融資，使得股票價值高達25萬元，那投資比例就太高了。一旦股票被套牢，就沒轍了！萬一生活費用必須從這10萬本錢去支出，那「抽銀根」更不得了！如果股價低於成本，就必須被迫認賠賣出了。

　　多年來，我一直認為「投資比例要低」，始終是「高勝算」的必要條件。我也因而把資金控管的問題訂出了四大鐵則：

一、不可全部投入。

　　買股票，把資金用光，就沒有轉圜餘地，看到更好的機會，亦無法立刻出手。很多時候是「現金為王」的。

二、絕不獨壓一檔。

　　股票出意外的機會很多，為了分散風險，宜買3至5檔。太多照顧不周，獨押一檔也容易有系統性風險。

三、分批買進賣出。

　　為了避免太早買進（股價續跌），或太早賣出（股價續漲），最好先試單，也就是分批買賣，價位才抓得準。

四、不同時買和賣。

買賣的時間點，一定要分清此刻是高檔還是低檔；賣掉甲股票，立刻去買乙股票，往往是不對的。

除此之外，上班族因為無法看盤，常常錯失買賣點，怎麼辦呢？我想，「盤前掛價、盤中改價」是不得已的方法。在我的粉絲中，確實有某些人的職業是不太方便看盤的。但是近年手機越來越方便了，仍然可以使用手機偷偷看盤（體積小、動作也不大，不容易被老闆逮到）。

當然，也有的職場甚至連手機都受到管制（例如高知名度的某家電子公司，上班時連私人的手機都必須收起來）。那怎麼辦呢？

盤前評估判斷股價可能的高低點之後，先行掛單買進或賣出。為免錯失時機，或遇到突發性的事件遭受重大損失，可以採用「設定自動交易」的方式，作為避險方法。例如可向下單券商洽詢有沒有像凱基證券有「雲端鷹眼通」這樣的功能。

類似這種功能，應該有些券商都有。只要設定幾個條件，之後觸發條件後的下單設定，也選好賣出的動作，就可以自動下單了，這等於是替自己的操作買個保險。

不是只有做期貨才有機會下這種「反向停損（利）單」的，其實股票也可以有類似的方法可以試試。

凱基證券的「雲端鷹眼通」分為幾個步驟：

一、選擇商品

二、條件設定

三、時段設定

　　監控時效設定，該券商目前提供兩種選項：當日有效以及長效單。如果您選擇「當日有效」，則監控到收盤後，該條件即會失效，在換日後，會將條件狀態更新。如果您選擇「長效監控」，則最多可設定 14天，14天內，只要有觸發，皆為有效。注意：期權因法規規定，不提供長效單設定。

```
▶步驟三：監控時段設定
⊙ 設定日當日有效(監控到收盤)
○ 長效監控(最長可設14天，期權限當日有效)
　結束時間：2013/01/02
```

四、停止監控原則

　　可針對條件進行觸發設定，設定觸發一次後即停止，則該條件就不再執行。設定一天多觸發，則只要行情洗價有達到標準的，都會觸發，通知客戶。

```
▶步驟四：停止監控原則
⊙ 觸發一次即停止
　一天最多觸發一次，直到監控期結束
```

五、下單資料設定

限價的部分，有提供多種旗標方式進行價格設定，有漲停、漲停減一檔、二分之一漲停、平盤、二分之一跌停、跌停加一檔、跌停等，旗標的部分，會根據觸發當天的價格進行帶價動作而非設定當天之價格。1/2漲停如計算結果不在檔位上，抓上方檔位。1/2跌停如計算結果不在檔位上，抓下方檔位。

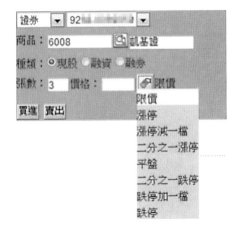

六、監控通知設定

可設定觸發後是否要通知，如果選擇要通知，則會根據您的通知設定內容進行通知。

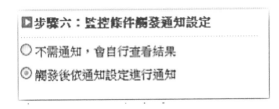

資料來源：凱基證券

第三章

如何從「分點研究」發現賺錢的契機？

⊕ 股市如博奕，鬥的是智慧

　　從前有一種賭博的工具，叫做「骨牌」。這種骨牌共有36個數字，從1到36。賭客可以押其中的任何一個數字，而莊家開牌只開一個數字。如果被你押中的話，1賠35。

　　話說有一位老賭客，很久都沒有贏過，心裡非常不爽。有一天，他拿了36個賭注入場，告訴莊家說：「我不想再賭了，但在我收手之前，我一定要贏一次。今天我拿了36個賭注入場，我要從1押到36，就不相信連一個數字都押不中，明天我就收手了！」

　　講完以後，他就去上廁所。可是，在途中，從他的懷中掉了一個紅布包好的賭注，莊家乘賭客沒注意，偷偷地把這一注收起來，打開一看是12。

　　賭客從廁所回來，把他的賭注全部擺上臺面，但只有35注，另外一注怎麼都找不到。

　　他搔著頭皮說：「奇怪，我明明帶了36注來，另一注掉到什麼地方去了？會不會留在家裏沒帶來？」

　　但因莊家開牌在即，回家一趟已來不及，他就說：「算了，算了！只差一個數字，應該不會有太大的關係。」

莊家一心想要宰了這位賭客，便決定這一次開12。沒想到，當賭臺上的人全注視著擺在臺面上的35個小紅布包時，打開第一個包，押12，第二個包，押12，……35 個小紅布包全押12！莊家就此破產了！

股市的大戶就有如故事中的「莊家」，我們散戶想要成為贏家，就得和主力鬥智。在股市征戰中，主力大戶常常挾資金優勢，在行情的漲跌上呼風喚雨、大小通吃。尤其主力大戶也是操盤的過來人，深知一般散戶都是怎麼操作的。因此，他們很會設陷阱，讓散戶在低檔不敢買股票，在高檔偏偏愛追價，這樣他們就能在低檔把貨吸光，在高檔把貨出光。所以，我們小散戶雖是弱勢族群，卻不可中了圈套！他們的籌碼比較多、包袱比較重，儘管買股票並不難，但出貨可不容易。那麼，他如何才能順利出貨呢？惟有利用散戶的買股票習慣，反其道而行，才有辦法好賣。

舉例來說，隔日沖大戶如何賺錢的？他就是故意買快要漲停板的股票，然後以大量買進的方式把籌碼鎖在漲停板的價位中，讓一般人都買不到，造成「一股難求」的現象。這樣一來，次日往往開高，並且容易引起追價，這時他就開始倒貨！散戶根本沒想到他會使用「逆向行駛」這一招，於是全部都中了招。而隔日沖大戶也就順利把銀子賺到了！

看圖3-1，我們以2017年4月17日「飛宏」（2457）的「分時走勢圖」來看，它的尾盤突然急拉到漲停板了！再看圖3-2，這是同一天（2017年4月17日）「飛宏」的日線圖，堪稱「價量齊揚」，並且收盤價15.25元還是漲停板！假如我們當天收盤後，晚上看到證交所公布的資訊，那麼第二天可以買進嗎？

圖3-1 2017年4月17日「飛宏」（2457）的「分時走勢圖」。

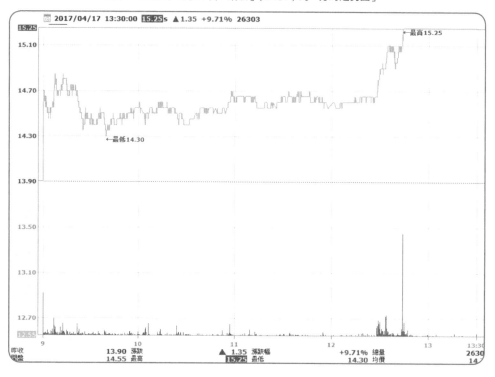

圖3-2 　2017年4月17日「飛宏」（2457）的日線圖。

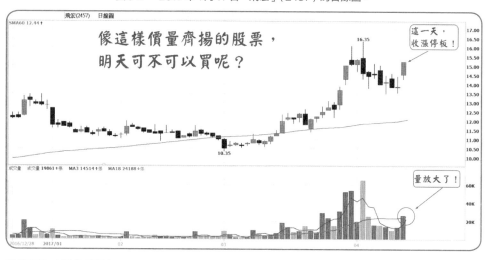

資料來源：XQ全球贏家

以上這檔「飛宏」因收盤價15.25元為漲停板，致使它的技術線型統統變漂亮了，KD和RSI也都黃金交叉了。理論上是可以買的。不過，隔日沖大戶畢竟有他的特性。他是利用「騙線」（製造美麗的線型）引誘散戶跟進的高手，如果隔一天有利潤，他就可能把貨全部賣光的！他的「量」很大，一旦把前一天的貨賣了，股價跌幅可能會很深的！一旦你跟著買進，就中了他的陷阱！

我們直接來看答案吧！隔日沖大戶在2017年4月17日買進「飛宏」（2457）之後，當天收盤的漲停板價格，掛著上千張的預買單，所以要在當天買到真的很難。而第二天——也就是2017年4月18日，它一開盤就是15.7元，由於前一天收盤價為15.25元，那麼漲幅就是2.95%。如果我們用開盤價15.7元去買進，那麼就得蒙受股價收盤時只剩下14.65元的損失！它在2017年4月18日的跌幅是3.93%，不可謂不深！同時，我們繼續看圖3-4，從「飛宏」（2457）的日線圖來看，隔日沖大戶介入的股票都沒有好結果。在他們介入的第三天，股價依然繼續下跌。

圖3-3 2017年4月17日「飛宏」（2457）的「分時走勢圖」。

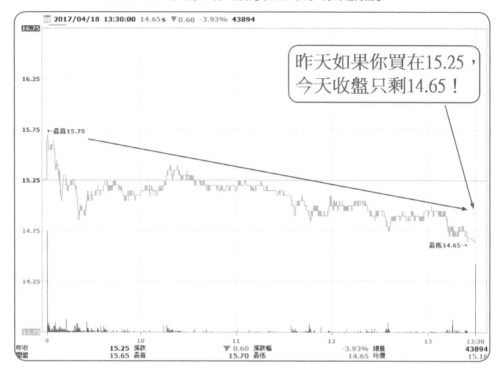

圖3-4 從「飛宏」（2457）的日線圖來看，隔日沖大戶介入的股票都沒有好結果。

資料來源：XQ全球贏家

⊕ 站上布林高軌，不是賺錢的保證

　　關於主力大戶會利用散戶的慣性，反其道而行，來向散戶進行詐騙，我們可以再舉一個例子。

　　在筆者的拙著《100張圖輕鬆變成權證贏家》（方天龍著／財經傳訊出版社出版）一書第178頁提到B-Band指標。這個指標因圖形簡單易懂，連13歲小孩都學會。我舉權證名人卜松波（泰國人）為例，說他把這個簡單操作法教給他13歲的大女兒，5天後給她15萬元讓她自己做，1個半月獲利50%。可見這個由約翰・包寧傑（John Bollinger）發明的B-Band指標，不但非常受歡迎，目前甚至已變成股友都會的賺錢工具了。B-Band指標，近人喜歡翻譯為「布林通道」。這個指標主要以20日線為中軸線，再在中軸線之上，加上兩倍標準差，構成上軌線（或稱高軌）；在中軸線之下，減去兩倍標準差，構成下軌線（或稱低軌）。上軌線、中軸線、下軌線等3條線，就組成了「布林通道」。

　　「布林通道」目前廣受歡迎，有不少人為它寫了專書，也有人修改它的兩倍標準差（2.0改為2.1）在銷售軟體。連一個泰國人和他的女兒都會變成高手，我想，主要是「布林通道」的圖形極容易辨識，只要搞清楚重點，是再簡單不過了。我就曾在方天龍封閉式講座中，用不到半分鐘的時間解說清楚，讓讀者學會了它的操作法。我在《100張圖輕鬆變成權證贏家》書中也舉「遠翔科」（3291）和「浩鑫」（2405）為例。請看圖3-5，「遠翔科」慢慢變緊縮的「通道」尾端突然擠壓後放大（開口擴大），而K線粘上「上軌線」的那一天，就是買進的日期。再看圖3-6，「浩鑫」的「布林通道」，一樣是在通道緊縮後突然開口擴張，而K線黏上高軌，即是買點。圖中倒數第4根，就是近期以來第一次黏上高軌，算是最佳買點。雖然第二天收黑，可是第三天和最後一天，又再度黏上了。所以祕訣是一直站上高軌的股票就會續強，而且越接近第一根買點的越安全。

經過實驗結果，這樣的買點做多，成功率極高。

圖3-5 「遠翔科」（3291）慢慢變緊縮的「通道」尾端突然擠壓後放大（開口擴大），
而K線黏上「上軌線」的那一天，就是買進的日期。

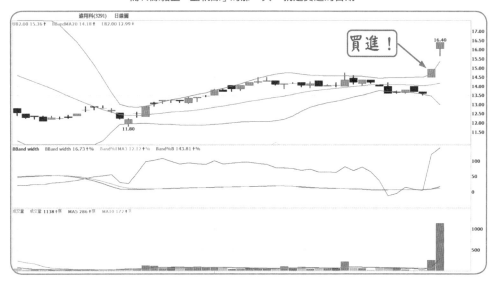

圖3-6 「浩鑫」（2405）在布林通道日線圖中出現了多次的買點。

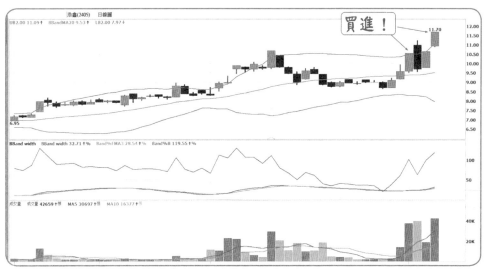

資料來源：XQ全球贏家

然而，這一招散戶的買進點選擇方法，已經被某些比較精明的主力大戶拿來加以利用，也就是當股價在布林通道站上高軌時，他就「反其向而行」，刻意在這裡賣出。這樣的結果，常常造成股價在站上布林通道高軌時就盤跌而下！你如果在當天買進，很可能會被套牢很久。

圖3-7　「昂寶」的實例告訴我們：主力很可能利用「逆向操作」的方式來讓你套牢。

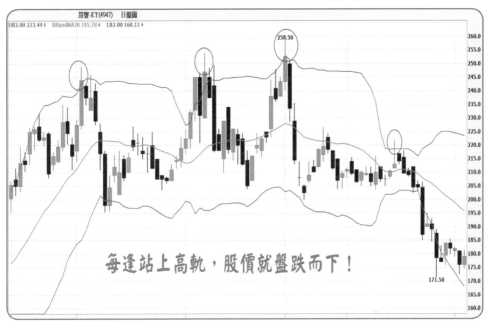

資料來源：XQ全球贏家

⊕ 主力大戶的分類與股性

綜合前述，主力確有利用我們的操作習性來對付我們的危險，那我們怎麼辦呢？當然要比主力更精明、更狡滑，才有辦法對付他們。那麼，我們也要變得很「賊」了嗎？哈哈，「兵不厭詐」，所謂「不狡猾，怎麼敢來抓狐狸？」，為了「知己知彼，百戰百勝」，好好打贏投資這一仗，也是一種智慧的表徵啊！

舉例來說，既然隔日沖大戶會來「今天買、明天賣」這一招，那麼我們為何不能在第二天不去買進，反而是順勢「放空」呢？是的，這就是對策！又例如：只要我們懂得分辨主力的特性，對於有在股價站上布林通道高軌時倒貨的主力，事先加以防範，那豈不就能及時發現，而迅速逃掉？

然而，應用之妙，存乎一心。畢竟不是每一位主力的個性與做法都是一樣的。說不定你對隔日沖大戶所買的股票次日放空的伎倆，被他摸得很清楚時，他偶而也會突然故意「軋空」哦！那就跟古代的「空城計」一樣，當敵軍想法太單純時，可能就殺進城了；只有敵軍想得比較複雜、懷疑諸葛亮可能有埋伏，就不敢進城了。所以，究竟誰能贏、誰會輸，就建立在知己知彼，才能百戰百勝。

接下來，我們先要對主力大戶作一點分類：

一、三大法人

廣泛地說，法人也是主力的一種。它的買賣超資料，不僅在證交所和各大媒體都可以看到，甚至在證券公司分公司（俗稱「分點」）的資料也都可以判斷出細節來。近幾年來，由於三大法人（外資、投信、自營商）的財力雄厚、影響力逐漸坐大，再加上官方的鼓勵和促成，法人之受到矚目，更明顯凌駕於「一般主力」之上了。法人一向重視基本面，所以他們操作的股票，官方比較不會釘得那麼嚴，因而「法人股」通常走得比較久、比較遠。

二、一般主力

個人主力，多是具有龐大資金的股市老手，過去可能跟著前輩操作學習，後來慢慢取而代之（例如四大天王雷伯龍、榮安邱、威京沈、游淮銀之後，就由世界陳、古董張等接棒）。他們也各自擁有龐大的外圍支持者。然而，故事情節有如電影「五億探長」的下場，由於官方執政風格的丕變，「古董張」等等作手紛紛坐牢。現今個人主力多以「分點」來為新興一代的主力命名。例如【富邦建國】、【兆豐大同】、【富邦嘉義】、【光和虎尾】等等。

三、董監主力

在股市中有能力影響股票行情的，除了市場作手之外，該公司的董監事因握有該公司很多的股票，於是稱為董監主力。如果「一般主力」想要操作某一支股票，通常都必須與董監主力打打交道，取得默認許可，不然董監事手上的股票那麼多，一旦不爽把貨倒出來，可不是一般主力接得完的。不過，正規的大型上市公司，是不可能隨便接受不熟悉作手的請託，以免惹上官司，通常是該公司財務結構也有問題，或也想逢高賣股票，才會答應合作。

四、業內主力

業內，指的是證券業內的工作者，包括超級營業員、特別喜歡操作股票的老闆、企圖心很強的總經理、資深高級幹部等等。這其中，也有不少「業內主力」是昔日的市場主力，後來因開設證券商，並在自己的「分點」下單，於是便成了「業內主力」。同時，為了幫公司製造業績，最重視的就是「成交量」，因而多半喜玩短線，從事短線操作或當日沖銷；實力夠強的，才會採取較多天數的波段操作。

五、投資公司

投資公司分兩種，一種是財團設立的合法投資公司，他們操作股票的手法會與法人機構差不多；一種是市場人士合資設立的投資公司，操作手法則與市場主力比較接近。比較正規的投資公司，我們在上市公司的「大股東」名單裡，也都常常見到，投資公司也都有代表人，並受到官方的節制。從前的「股友社」，現今已不復見到，頂多是隱於投顧公司的喊盤形式中。

六、法人機構

有些壽險公司非常龐大，他們的閒置資金相當龐大，也設有專人在主持金融股票的操作，以增加收入。還有財團、銀行、基金業者也有實力在市場上殺進殺出。至於八大行庫（合庫、土銀、台銀、台企銀、彰銀、第一金、兆豐銀、華南永昌）的官股買賣超，近年也相當受到重視，尤其當恐慌指數大升時，官股進場買什麼股票，也很受到注目。有些股票專業軟體，甚至把它編列為某一部分的操盤參考資料。

至於主力操作的期間，並不一定。因為有些是會改變的。不過，大抵分為：

一、短線主力：2017年前後短線盛行，很多大戶多半當沖或做隔日沖，也有做三日沖的。凡是不到一週就賣掉的，就可以說是短線主力。

二、波段主力：波段主力的標準也很難訂，通常是依技術型態，覺得應該先賣一趟了，就先賣出的，就是波段主力。

三、中線主力：至少幾個月或半年的操作，才叫做中線主力。我們可以發現，比較有實力的主力，至少都要做上幾個月，賺上一大波才走人。

四、長線主力：長線主力多半是董監，而董監主力也有很多是外資。長線主力如果是外資，通常會有連續買進的動作，而董監則較少進出，一年只做幾次。

⊕ 主力與大戶之間的傾軋

　　在股海之中，並非只是「大魚吃小魚，小魚吃蝦米」的世界，控盤主力與控盤主力、大戶與大戶之間也會有鬥法。例如在筆者個人的籌碼研究裡，就經常發現有長線主力不滿隔日沖大戶攪局，而刻意修理的案例；也有不少隔日沖大戶吃外資、投信豆腐的案例。主力與大戶之間的傾軋，對於散戶的我們，最重要的是研判何方的力道大，因為我們的角色就是「選邊站」。如果空方的力量大，我們沒有理由「逆勢做多」，如果多方的力道大，我們也得「順勢做多」，這樣才會被拱到贏家的行列。

　　主力與大戶鬥法，光靠「分時走勢圖」，是不容易看出其中玄機的。只有在盤後從籌碼去分析，才能知道這究竟是怎麼一回事。例如，請看圖3-8，你能看出這樣普普通通的一日行情，其中含有怎樣的內幕嗎？

圖 3-8 **主力與大戶傾軋的「分時走勢圖」。**

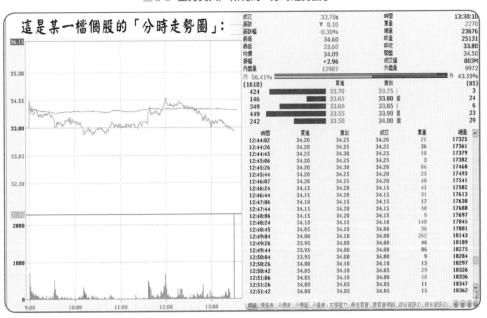

資料來源：XQ全球贏家

事實上，現今台股的資訊是非常透明的。自從2009年以來，「分點」的資料已經全部放在網路可供查詢。我們只要透過參與某一檔股票的所有分點的買賣價位和張數，就可以立刻了解整個行情的來龍去脈。

現在，請看圖3-9筆者在圖上的註解。從盤後的籌碼分布和價位比對，可以知道這一檔個股有兩股力道的征伐。因而可以分為3段行情來說明：

圖中的 ❶ 是第一段行情，由某分點的主力主導。我們從下殺的量能和價位去比對，可知早盤主力的心意，就是明顯在出貨。我們配合「交易明細」資料的揭露，可以看出這位主力的大單祭出，毫不手軟。

圖中的 ❷ 是第二段行情，我們仍然從走勢中的關鍵價位比對（有些股票專業軟體還有多空交易泡沫圖可以查看），可以知道這段行情並非主力拉抬，而是另一位大戶的向上攻擊行動。這位大戶在前一天曾有進貨的庫存，他想拉高股價以便出貨。

圖中的 ❸ 是第三段行情，經過交易價位比對，可知股價拉高後突然意外下殺，原來是早盤那位空方主力所為。

接著，筆者再去追蹤多空雙方兩年內的籌碼變化，才知原來這位空方主力是在長期被軋空的情況下的一個自救行動。他的長期平均賣出價位（研判是放空），顯然已經和較高的市價有些距離了，換句話說，他被軋空了。所以利用當天大盤不好時努力再殺下股價以自救。

經過這麼一理解以後，你是不是覺得籌碼研究很有趣？正如一場車禍，並不知道誰是誰非，但是檢警透過「科學辦案」就能根據現場的「位置」、「角度」以及週邊環境和人物的舉證，可以研判出結果。股票的籌碼追蹤也不例外。若我們能明察秋毫，必有助行情的研判和交易！

圖3-9 剖析主力與大戶傾軋的「分時走勢圖」。

資料來源：XQ全球贏家

如何判斷幾個帳戶是同一人？

近年來，筆者的讀者越來越多，由於實在沒空一位一位地回覆來信，後來終於想到設立「建檔讀者」（建檔有案的意思——我會請讀者填寫真實資料，因為寶貴的知識經驗都得來不易，不想貢獻給一個完全不知來歷的陌生人）的方式，以便統一用「群發信」（每封信不能超過50個地址，否則會被當成廣告信）回覆，內中的問題也可給其他的讀者一併參考。這些服務都是免費的。以下一封就是提到籌碼的問題：

【讀者來信】

老師好：

今天看到5514三豐有一筆大量急拉的買單，覺得這現象很有趣，因為多頭主力很高調，深怕大家不知道似的，所以提出了一些想法跟老師討論。學生知道老師很忙，所以如果老師沒空的話，就不用回復，因為我沒有買也沒有套牢的問題，只是單純想提出我的看法來討論。所以老師有空的話，懇請再解答學生疑惑，感謝老師^^

三豐主力在一分鐘內買超將近四千張，高調的將股價一口氣拉上來，深怕大家不知道!?從日K圖來看，三豐平日量很少，且是呈現空頭走勢。這一拉，似有強烈反彈的氣勢，且在畫出未再破底的線型。

從籌碼面來看，從今年一月至今，多頭第一主力「永豐金台中」是最大戶，買進1304張，均價18.84元，目前仍是套牢狀態，而空頭目前幾乎是獲利狀態（除了元大汐止）：

學生的看法是，多頭主力警告空頭該獲利了結，一起將股價抬上來，另外這一拉長紅K加爆量，線型上未破底又有強烈反彈之勢，可吸引散戶進場拉抬，如果未來價量都持續上升，應該有一小段行情，不知這樣解讀是否正

確?懇請老師指導,謝謝 ^_^ 因為學生只是在盤中看到想提出來一起研究討論,確認我的觀念和想法對不對,沒有買進或套牢的問題,所以老師如果很忙就不用回答沒關係,如果老師有空再稍微看一下,謝謝 ^_^

圖3-10 **讀者所附的「三豐」(5514)分時走勢圖。**

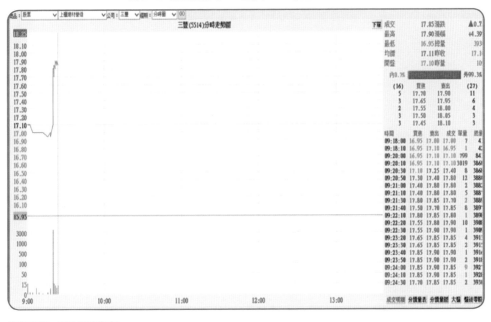

資料來源:XQ全球贏家

【方天龍解盤】

我的建檔讀者一向水準很高,個個斯文有禮,並且充滿研究精神。雖然很客氣地說沒有時間就不必回覆,但我都是經過仔細研究之後,用實際的證據去回覆大家。

我的判斷是:「甲分點」和「乙分點」、「丙分點」都是同一位主力的帳號。

因為我認為他用「甲分點」和「乙分點」帳號同時同價(17.1)買進,用「丙分點」同時同價(17.1)賣出,作對敲的動作。乙分點有兩筆大單非常可疑,在K線❶這一天賣400張(均價19.2),到了❷這一天賣3,668張(均價17.1)。正常情況應該是逢低回補,他卻賣更大量,「反常必有妖」,值得繼續探索!

❷這一天賣3,668張,當天收漲停板18.25,他卻只和另兩位多頭主力(「甲分點」和「乙分點」)一樣以17.1成交,顯然有些不對勁。

不同的高低價位,卻都是賣單。而且從價位看,最合理的解釋就是:對敲的假單!

結論:主力的本尊是「甲分點」,他用對敲手法的目的是製造大量、吸引散戶進場,以挽救自己被套牢的股票,基本心態是做多的。他想獲利下車。

三個相關帳戶的對價關係:

券商名稱	買超 買進	賣出	買賣總額	差額	券商名稱	賣超 買進	賣出	買賣總額	差額
甲分點	17.1× 1,800	0	1,800	1,800	丙分點	0	17.1×3,668	3,668	-3,668
乙分點	17.1× 1,526	0	1,526	1,526	鑫豐	1	168	169	-167
玉山	499	1	500	498	合庫-鳳松	0	57	57	-57
日盛-樹林	28	0	28	28	群益金鼎-台中	1	20	21	-19
統一	16	0	16	16	新光	2	20	22	-18
凱基-宜蘭	12	0	12	12	兆豐-桃園	0	12	12	-12
華南永昌-基隆	11	0	11	11	華南永昌-大安	3	15	18	-12
新百王	10	0	10	10	華南永昌-長虹	0	10	10	-10
元富-城東	10	0	10	10	永豐金-莒雅	0	10	10	-10

「丙分點」的賣單沒什麼意義，他只是出貨用的帳戶而已。

圖3-11　「三豐」日線圖。

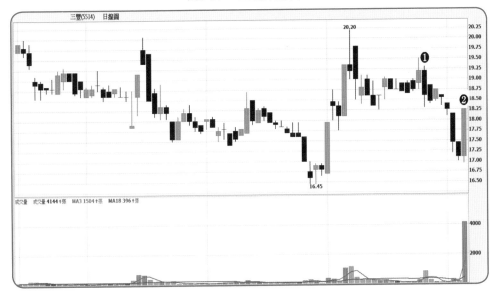

資料來源：XQ全球贏家

　　我們從「丙分點」的籌碼來看，充滿了疑點。在K線❶這一天，它是賣單，到了❷這一天，已經連跌7天了，已經有不小的差價，照理來說應該回補了，為什麼還是賣單？何況此日的位置和前一天是橫盤的情況，那是止跌的徵兆，他卻大賣，實在不合邏輯。可疑的是，❶和❷是高低不同的位置，卻都是賣單。這是怎麼回事呢？合理的解釋是：對敲的假單！

　　另外一個明顯的證據是，❷這天收漲停板，價位18.25，而他卻和另外兩個分點，同時都只賣17.1，這不奇怪嗎？我從實際籌碼中得知，這個主力在❶這一天的買單，已和「丙分點」的賣單有所連結了。時間點也太湊巧了吧！

　　還有地緣關係的關連性「甲分點」和「乙分點」、「丙分點」這3個券商雖然名稱差距很大，但從地理位置以及買賣交易價格，可以更大膽地說，這3個分點都由一個人或一夥人所擁有！

長期的籌碼追蹤，我至少已經破獲上百起主力大戶「同夥做股票」的案例，有的更是「一人分飾多角」，幾本帳戶其實都是同一人，或同一夥。但為了減少麻煩，也避免主力大戶知道（他不一定會看到本書，但也許主力外圍有人會告訴他）後立刻轉換「分點」，就只好隱去其「分點」的寶號。

　　現在就舉一個實例來說明，我們可以如何知道某幾個分點是同一人。知道有什麼好處呢？可以了解某檔股票有沒有可能，由甲帳戶進、從乙帳戶出；也可以知道盤中的交易是對敲的「假單」，還是真實的量能！

　　此一案例主力的操作手法是：以【A分點】為連續買進窗口，吸引注意；以【B分點】為連續賣出窗口，兩個帳戶互相搭配，製造量能。

　　下圖為「一詮」（2486）由2016年5月低點開始算起的4個大漲點：

　　❶ 5月17日，⊕8.01元。❷ 5月27日，漲4.01%，收8.55元。❸ 6月21日，漲4.41%，收9元。❹ 7月7日，漲9.27%，收9.78元。

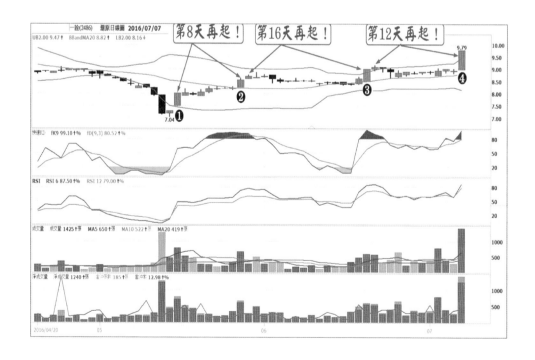

主力操作手法：拉大漲幅之後，就開始橫盤、量縮，然後8天、16天、12天之後，再度用力重拉。

　　散戶最佳對策：大漲次日不要跟進，必須等橫盤、量縮，並配合KD等指標再進場卡位，大漲時即先行賣出。等它休息夠了之後再逢低介入。

　　【A分點】和【B分點】買賣點比較：

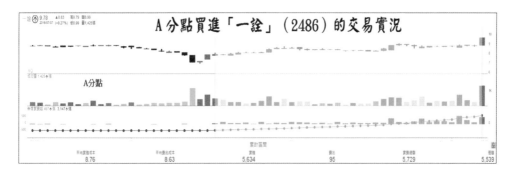

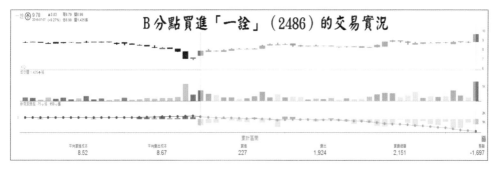

為什麼這兩個帳戶不是同一人，就是同夥？

證據01：【A分點】從9.15正式發動攻擊，【B分點】從9.15開始往上賣。

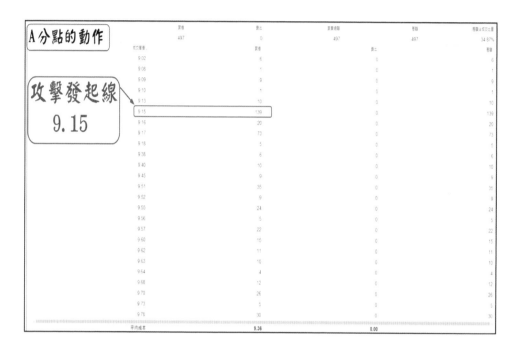

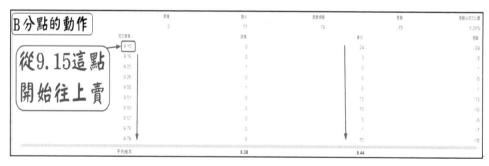

證據02：區間10個交易日均買、均賣價相當。

日期	券商	操作心態	均買價	券商	操作心態	均賣價
第10天	A分點	只買不賣	8.98	B分點	只賣不買	8.97
第9天	A分點	只買不賣	8.95	B分點	只賣不買	8.94
第8天	A分點	（有30張賣單）	8.93	B分點	只賣不買	8.92
第7天	A分點	只買不賣	8.89	B分點	只賣不買	8.89
第6天	A分點	只買不賣	8.89	B分點	只賣不買	8.88
第5天	A分點	只買不賣	8.90	B分點	只賣不買	8.90
第4天	A分點	（有15張賣單）	8.89	B分點	（有1張買單）	8.89
第3天	A分點	只買不賣	8.90	B分點	只賣不買	8.90
第2天	A分點	只買不賣	8.93	B分點	只賣不買	9.00
第1天	A分點	只買不賣	9.02	B分點	只賣不買	9.03

⊕ 如何聰明跟進大戶而不受傷？

所謂「得主力思維者得天下」，任何一檔股票都有主力介入操作，K線形態就是主力資金操盤留下的最直接和最重要的痕跡。

以下是一位讀者的來信，提到留下上影線的個股（俗稱流星）有沒有可能是主力洗盤的騙線？

【讀者來信】

天龍老師您好

今天的玉晶光很有趣，雖然我還沒開始買玉晶光，只是單純觀察階段，但是發現今天的盤勢走向非常的有趣。早盤玉晶光有攻勢，開盤68.9元左右，9點半很快的攻佔上了72.2，拉出幾乎半個漲停板的走勢。隨後股價卻開始緩步下降，到了收盤卻反而開在盤下67.9作收。

線型打出了一個高檔流星，當然單純的就線型而言，這是個反轉向下的訊號，但是這個V型谷裡面，我注意到了左邊的高點落在7/16和7/17的72.9與73元，量能大約是3~4千張，之後股價下滑，如果就單純推測，今日若我是個套在前高的散戶，我今天確實可能會想賣出，而且量能高過這段時間任何一天。因此，我可不可以大膽的假設，這是一根主力騙線洗盤的流星呢？

還望老師賜教！

×××

PS：今天韋僑上漲14%左右，學生已經全數出貨，淨賺大約3萬多元~

【方天龍敬覆】

圖3-12是讀者提到「玉晶光」（3406）當天的走勢。他說，開盤68.9元左右，9點半很快的攻佔上了72.2元，然後就突然往下緩步下跌了，收盤甚至跌落在盤下（平盤68元）的67.9元。

圖3-12　**「玉晶光」（3406）日線圖。**

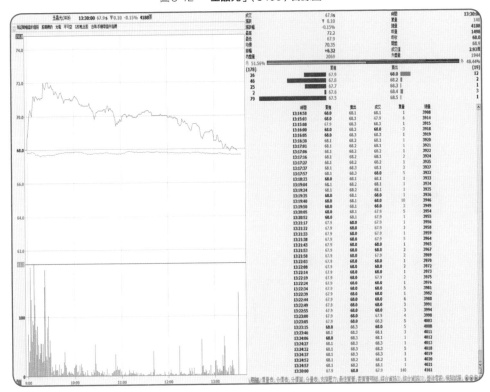

資料來源：XQ全球贏家

接著，讀者用日線圖來觀察，（請看日線圖），認為左邊的高點落在7/16（指的是❶的位置）和7/17（指的是❷的位置）的72.9元與73元，量能大約是3~4千張，之後股價下滑。經查日線圖，❶的收盤價確是72.9元，量為3,902張。❷的收盤價則為73元，量為2,170張。讀者的信，重點是分析這一天的「流星」線型是主力的一種騙線。

從❺這一天之後的行情變化來看，讀者分析是沒有錯的，❸和❹中間有個跳空缺口，和前面多處的缺口，都能形成「島狀反轉」。而在橫盤之後，股價一直沒有跌破❸或❹的低點，果不其然，到了❻這一天，當真有了比❺的高點還要更高的高點！說主力「洗盤」成功，並不為過。

圖3-13 從「玉晶光」日線圖去談讀者所提到的日期訊息。

資料來源：XQ全球贏家

但是，現在我們要談的是主力的陷阱很多，逃過這一關，可能逃不過第2關！

繼續圖3-13的說明之後，現在我們進一步來看圖3-14，既然「玉晶光」長上影線的K線有可能是主力的騙線，那麼圖中來到73.9元，又是一個長上影線，會不會還是主力的洗盤手法呢？來到73.9這個高點時，能不能加碼買進？

「玉晶光」在長紅之後跳空上漲，然後經過多天籌碼沈澱的橫盤量縮，然後再上一層樓，衝上73.9元，成交量也暴增到5,108張。究竟是福是禍？

圖3-14　**「玉晶光」在股價創新高之後未來走勢如何的習題。**

資料來源：XQ全球贏家

我們從其後的走勢可以得到答案：長上影線「可一不可再」，來到73.9元高價之後跌下來，表示有人在高檔出脫，才暴出天量。我們從圖3-15，可以看出：

一、❷的量是最大的；它的價也是最高的，後來❸和❹的高點，就沒再創過新高了。

二、❶❷❸❹這4天的K線都留下了上影線。

三、從❸和❹一直沒再創新高之後，股價就慢慢墜落下去了！如果❷在加碼買進，就大錯特錯了！

四、跌深反彈之後，❺和❻都是「光頭長紅」，而非避雷針式的「長上影線」長紅。

因此，我們從這個案例可以得到一個啟示：天量＋留上影線的天價＝下跌！

在研判行情、跟進大戶時，一定要仔細思考此一祕訣。

圖3-15 **長上影線頻頻出現的高檔流星，對未來多頭走勢不利。**

資料來源：XQ全球贏家

⊕ 如何精準判斷主力的多空態度？

一個熟練的高手判斷主力的多空態度，從個股走勢的「交易明細」就可以看出來了。更簡單的就是利用大戶持股比率，來判斷一檔主力的心態。當主力要攻的時候，持股比例就增加；主力覺得需要洗洗盤，持股比例也自然減少。例如從圖3-16，即可看出「旺宏」的漲不停，與大戶的持股比例居高不下、散戶持股比例越來越少有關。

其次，從「收集派發指標」和「買賣家數差」的此消彼漲也有關係。好比圖3-17，「旺宏」的「收集派發指標」多半是紅的，而「買賣家數差」多半是綠的，一紅一綠，非常明顯的做多氛圍。

圖3-16 「旺宏」的漲不停，與大戶的持股比例居高不下、散戶持股比例越來越少有關。

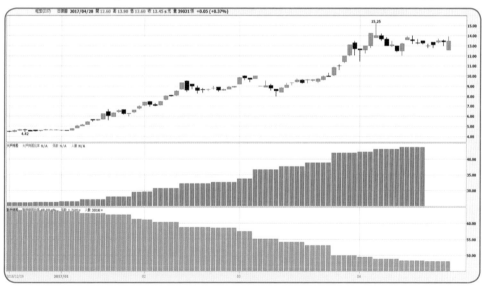

資料來源：XQ全球贏家

圖 3-17 　長上影線頻頻出現的高檔流星，對未來多頭走勢不利。

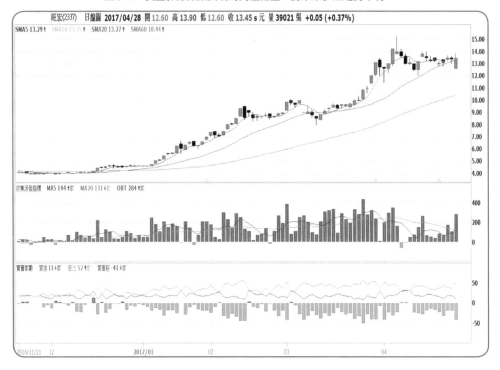

資料來源：XQ 全球贏家

另外還有一個方法，就是可以利用籌碼分析來決定多空：

（一）：觀察籌碼是落在強者或弱者手中，來判斷多空：

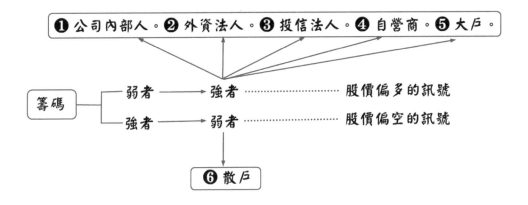

（二）：利用融資斷頭時機，來決定做多或做空。

融資過多，有量能不繼的危險；融券太多，則有軋空的可能。兩者含有老子道德經所說「禍兮福所倚，福兮禍所伏」（好事可生壞結果，壞事也藏著好結果）的關係。但是，綜合來說，「高融資使用率」股票跌28%左右，就有龐大的賣壓把股價弄到超跌。等斷頭賣壓出清，股價就會浮現波段低點，很可能反彈。

⊕ 如何利用主力態度，決定多空策略？

多頭時間一到，再爛的股票都會飆漲；空頭時間來臨，再好的股票都走不遠。所以，跟著大戶走，是很重要的。

研判大戶的行為模式，然後跟著大戶在多或空的一邊，勝率就大。這點使我想起一個極為深刻的故事：

兔子如何寫博士論文？

在一個充滿陽光的午後，一隻兔子從她的洞裡出來享受大好天氣。

天氣好得讓她失去警覺，一隻狐狸尾隨其後，抓住了她。「我要把妳當午餐吃掉！」狐狸說。

「慢著！」兔子答道。「你應該至少等個幾天。」

「喔？是嗎？為什麼要我等？」

「嗯，我快要完成我的博士論文了。」

「哈，那是個很蠢的理由。妳的論文題目是什麼？」

「我正在寫『兔子比狐狸與狼的優越性』。」

「妳瘋了嗎？我現在就要把妳吃了！誰都知道狐狸總是比兔子強的。」

「根據我的研究，並不盡然。如果你想知道真相的話，你可以來我洞裡，自己讀它。如果你沒被說服的話，你馬上可以把我當午餐吃了。」

「妳真的瘋了！」但狐狸很好奇，而且讀讀論文也不會損失什麼，就跟兔子進去了。但狐狸此後再也沒有出來過。

幾天以後，兔子又出來走走。這時，另有一隻狼從樹叢中出來，也準備吃她。

「慢著！」兔子叫道。「你現在不能吃我。」

「為什麼呢？妳這個毛絨絨的開胃菜！」

「我的論文『兔子比狐狸與狼的優越性』幾乎要完成了。」

狼笑得太厲害，以致鬆開了抓住兔子的手。

「也許我不應該吃妳。萬一妳的腦子真的有病，我還可能被妳傳染！」

「你可以自己來讀它。如果你不同意我的結論，你可以把我吃掉。」

於是狼跟兔子進洞裡去，但再也沒有出來了。

兔子終於完成她的論文，並出來在萵苣叢中慶祝。另一隻兔子過來問她，「怎麼回事？妳看起來很快樂。」

「是啊，我剛剛完成我的論文。」

「恭喜！主題是什麼？」

「『兔子比狐狸與狼的優越性』。」

「妳確定嗎？聽起來不太對。」

「喔！進來自己讀。」

於是他們一起進洞裡去。當他們進去之後，朋友看到的是一個典型的研究生的窩，一團亂！在兔子完成論文後，就把這部具有爭議性的論文的電腦擱在一個角落，右邊有一疊狐狸骨頭，左邊有一疊狼的骨頭，而在中間，有一隻巨大的、正在舔嘴唇的獅子。

這個故事告訴我們：你論文的題目並不重要。重要的是誰是你的指導教授。

是的，兔子背後有一隻獅子，所以牠變得很優越；我們背後也有一些主力大戶，所以我們能成為贏家。如果兔子不會利用獅子，恐怕自己也會喪生在獅子口下；我們如果不懂得主力大戶的個性，也很難投資順利。

為什麼要研究主力的操作思維及模式？因為主力擁有資金，可以控制股價向上；主力也擁有籌碼，可以控制股價向下。他的影響力是很大的！

跟進主力時，一定要清醒地了解您的成本和主力的成本各是多少，如果相差不遠，不妨與主力共舞；如果相差太遠，則無異於與狼共舞。

台灣股票市場十分淺碟，股市主力、外資相對容易影響股價波動，拿來呼應科斯托蘭尼的「牽狗理論」，主力、外資等對股市具有影響力的來源，就相當於牽狗的人。我們如果跟在狗主人身邊，當然就踩不到狗屎，可是如果我們一直在路上衝來衝去，很容易滿腳都是狗屎。所以我們要學習用大戶眼光解讀資訊，而不是只看新聞表面上的意思。通過股價走勢，去研判主力的意向；通過資金變化，去把握主力的動向。

大抵來說，揣摩主力大戶的態度，以及一些多空指標，我們就可以決定「先買後賣」或「先賣後買」，這並不一定只適用於當沖，作波段進出也有參考的價值。

除此之外，出現漲、跌停板的股票，最好別碰；大型股成交量少於3,000張、小型股成交量小於500張的股票，也最好不碰。

表 3-18 **市場多空的參考指標**

先買後賣（心態偏多）	先賣後買（心態偏空）
●多頭市場，先買後賣。	●空頭市場，先賣後買。
●大盤指數上揚。	●大盤指數下跌。
●融資餘額增加時。	●融資餘額減少時。
●融券餘額減少時。	●融券餘額增加時。
●「有交易家數」微增，股票有人喜歡。	●「有交易家數」暴增，表示過熱。
●當沖率適中時。	●當沖率大於 30% 時。
●價漲量增。	●價漲量縮。
●價漲量平，按兵不動。	●價跌量增。
●經濟成長率高。	●經濟成長率低。
●經濟成長率上升。	●經濟成長率衰退。
● M1b 年增率持續上漲。	● M1b 年增率不漲反跌。
●貨幣供給額年增率上升。	●貨幣供給額年增率下降
●利率調降時。	●利率調漲時。
● K 值 >D 值時。	● K 值 <D 值時。

資料來源：作者整理

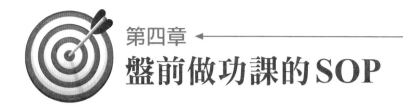

第四章
盤前做功課的SOP

精研細節，才是專業投資

我們先來說一個故事：

在颱風過後，鳳凰家來了許多動物訪客，他們不約而同的讚賞著鳳凰的窩竟是如此堅固耐用。訪客漸漸散去，最後留下的是燕子、烏鴉和老鷹。他們請求鳳凰教他們做一個完美的窩。鳳凰一口就答應了。鳳凰說，築窩的首要，就是要找一棵有叉架的大樹幹。

鳳凰說到這裡，老鷹想：「原來這麼簡單！」就展翅飛走了。

鳳凰繼續說：「然後再去找許多樹枝，一層一層的把它疊起來。」

烏鴉聽到這裏，心想：「原來如此，我了解了。」就高興的飛走了。

鳳凰最後說：「最重要的就是，找一些泥巴把這些枝幹的空隙糊起來，然後再拿一些草莖來將整個外圍穩穩地包裝好，這樣就能做出一個完美的窩了！」

結果，驕傲的老鷹住在一顆有三叉架的樹上；一知半解的烏鴉住在有許多破洞的窩裏。只有耐心聽完全部過程的燕子，有個安全又舒適的窩。

在人生學習的路上，如老鷹、烏鴉者比比皆是，不是只學到皮毛，就是半途而廢，只有像燕子般的耐心、專心、用心的學習，才能學到事物的真髓。

本章要講的是做股票操作前的準備功夫。依我個人的經驗，「有備無患」

這句出自【左傳】的成語，仍然適用於今天的股市。事先做好準備，就不會臨場茫無頭緒，還可以避免慌亂和失敗。

「細節」非常重要，所謂「魔鬼藏在細節裡」，在我股票教學的生涯中，極有體會。記得5、6年前第一次上台講課時，也許不太有經驗，在第二次辦講座報名時，就有一位非常自負的學員私下在信中對我說：

「老師，你上課教的，我都已經聽過了。如果這次還是和上一次一樣，那我……（就不參加了）」

這位如此狂妄的學員竟然大膽直言、口無遮攔，真把我嚇了一跳！我趕快把他個人的資料打開來看（參加我的「建檔讀者」都必須先填表格），發現這個人原來學做股票，才只有一個月的「股齡」而已。一個月資歷的新人，竟和我這個20多年資歷的行家較勁？

不料，此人接著還開玩笑說：「老師，是不是……。我的實力已經和老師差不多了？」

哈哈，這個白目的學習者，真是世間少見！我仍很有禮貌地問：「怎麼說呢？」

他說，「人家的均線是看18日，老師你怎麼是20日均線？」我一聽就知道他對股票真的是一無所知，只是看了某位財經作者寫的另一本書，就用這位熱門名人的書來「打」我這位其實也寫了20多本股票書的作者，偏偏他又是「外行」。據我所知，那位作者從前向老一派的前輩學習時，前輩教的是運用18日線看盤操作，後來雖然知道大家都用20日線，但他為了紀念老師，所以一直沿用18日線。其實，18日線和20日線有差嗎？這位向我「踢館」的股市新手，恐怕搞不太清楚吧？

於是，我溫和地說，「既然你這麼厲害了，那麼這次講座，您可不可以上台分享一下？」

這位股市新人趕快說：「不好吧，大家是來聽老師演講的，我上台會占用到老師的時間⋯⋯。」

聽到這裡，我忍不住大笑了。他果然聰明，知道我不懷好意，主要目的是要測試他懂得多少？必要時我可能問幾句他根本無法解釋的簡單問題，他到時就下不了台了！

沒想到，他第二次參加講座時，意外地利用下課時間到我面前低頭認錯了。後來我們就握手言歡，直到現在交情都很不錯。因為肯真心認錯的人，就是有救的學習者。時日一久，我也慢慢發現他其實是個很有感情的人，當時只是5個字：「目、空、一、輕、視」而已。

我從這件真人真事，領悟到一個現象：確實有些人是慣於「跳聽」的學習者，也就是說，不太聽得懂或不太有興趣的部分，他可能採取「跳過去」的吸收模式，因而到最後，他所得有限。頂多知道幾個名詞而已，細節並不精通。

例如聽到「均線扣抵」，他聽過；說到「資券互抵」也聽過了。那麼問他「均線扣抵」和「資券互抵」的關係，他就莫宰羊了。又例如：說到「融資減肥」，他又聽過了，說到「減資」，他也聽過了。至於「融資減肥」是否就是「減資」，他就搞不清楚了。所以，如此的「跳聽者」，就是讀書不求甚解、自以為是的人。僅僅聽過這個名詞，卻一知半解而含糊跳過，當然永遠不會進步。所以，自以為上課內容都聽過的人，其實可能完全不曉得細節，正如前述故事中的老鷹、烏鴉一樣，淺嘗即止、輕忽專精，在往後的操盤過程中仍將掛一漏萬、跌跌跟跟，並不順利。而真正肯把「盤前如何做功課」這麼「枯燥」的部分仔細研究的人，基本馬步就會站得很穩。尤其SOP，更是大師們不願細說、其實最有用的資訊，更應該好好琢磨琢磨！

⊕ 每天結帳的反思

　　每天收盤後，是一日內印象最深的時刻，盤中發生的過程往往歷歷如繪，有什麼感想或經驗所得，最好立刻記下來，並加以反省。要戰勝市場，首先就要戰勝自己，所以，某某股票是不是賣早了？某某股票是否不該買進？某某權證的收盤價格有沒有安全的脫離了自己的成本區？某某個股期貨，是不是操作有所不當？凡此種種，都應在盤後記下來。這就是次日「盤前做功課」的第一步！

　　這麼多年來，我自己設計了一個表格，是用A4的紙去印出來的（見圖4-1）。每天用掉一張。原本在設計成電子檔之後，試用打字方式建立資料，就可以節省紙張，但後來發現打字建檔有點麻煩，很耗費時間，遠不如改用手工謄錄比較快。所以，後來就一直用手寫方式登錄。

　　一、圖4-1中，「股名代碼」是兩個資料，在格子內上下寫出。例如台積電（2330），就在「股名代碼」中分上、下兩行填寫。權證也不例外。

　　二、「註記」部分，是當這一檔標的物是「權證」的時候，就在「註記」的格子裡，寫上它的母股——連結該「權證」的標的個股名稱和代碼，也是分兩行寫出。

　　三、「買日」，是指買進日期。有時並不只填寫一個日期，因為很可能有「加碼」的情況。為什麼沒有「賣出日期」呢？因為賣出之後就不必寫了。這份「盤前持股簡報」，其實就是「庫存持股」的細目。已經賣出的股票，就不必存留在這張表內，這樣就單純化了。

　　四、「張數×價格」，意即有多少張、平均價格多少。記得剛出道時看營業員總是把幾張幾張寫成「千」，我覺得很有意思，而且筆劃也很簡單，於是我後來就學到了。例如我還有八張股票，它們的平均價格是25.6元，在這張表裡，我就會填寫「8千×25.6」，這樣就一目了然了。

五、「成本價」必須包括手續費及預估賣出的手續費以及融資等費用在內，因為目的在計算多少的價格賣出，才能獲利。從前我都是用平均價格乘以1.007，其實沒那麼多（現在改為乘以1.006），況且這部分還沒計入「退佣」。網路下單，現今的成本都比你想像的低多了。

六、「融資金額」是聊備一格，沒什麼作用。通常可以看出融資是5成或4成。如果是「現股」，就會在格子裡記載「現股」。融資，才會記錄融資金額。

七、「成本金額」可以看出我們加諸於個股的投資比例有多大。我一般都是以這一項金額的大小來排序的。第一檔一定是「成本金額」數字最大的，也就是「重倉股」。

八、「持股總數」指的是庫存的籌碼有多少張。

九、「昨收盤價」，可以和「成本價」作一個對照，就知道差距有多少，「獲利」有多大或「套牢」有多深。所以，我把框線加粗。

十、「損益」和「投資報酬率」則可以直接從券商幫您算好的資料抄錄於此，並可順便反省一下，這樣的投報率是應該停損了，還是獲利了結了。

「盤前持股簡報」，底下的金額部分非常重要，因為可作為「資金控管」的線索。通常我們在下午1時半收盤，而結帳完畢，一般已是下午4時，所以此時登錄，銀行的帳款對於明日的帳款多半還沒扣款，為了方便就分3筆帳列入，那麼就清清楚楚了！從這樣的表格設計，我們可以立刻得知： 目前手上可用的現金有多少元？ 目前包括股票（或權證）和現金的總金額有多少？——這就是你的資金淨值，也就是資金規模。

設計這樣的「盤前持股簡報」，最大的好處就是便於「資金控管」。在每天開盤前有此一張內容清清楚楚的帳單，臨場自然不會茫無頭緒，也不會溢買股票數量。還有多少資金可以加碼，以及是否已經超出預算了，都可以從這裡看出。

圖4-1　筆者自行設計的「每日盤後的持股簡報示範表」，僅供讀者參考。

2017 年　月　日（星期　）盤前持股簡報

註記	股名代碼	買日	張數×價格	成本價	融資金額	成本金額	持股總數	昨收盤價	損益	投資報酬率

2017 年　月　日（星期　）銀行結餘（尚未扣款）		元	股票總成本		元
月　日（　）結算　　　　月　日（　）應入帳		元	股票總損益		元
月　日（　）結算　　　　月　日（　）應入帳		元	股票淨值		元
月　日（　）結算　　　　月　日（　）應入帳		元	可用現金		元
目前手上可用的現金		元	資金淨值		元

盤前準備功夫

「盤前準備功夫」的盤前，指的是每日股市上午9時開盤之前，到上一個交易日的收盤後。大致上有以下6點工作要做：

❶ 前一個交易日下午七時以前，將「盤前持股簡報」整理完畢。

❷ 持股診斷及反思。

❸ 大戶追蹤及分點研究。

❹ 鎖定潛力股，挑出權證預作準備。

❺ 看有什麼法說會、除權息，想想哪些股次日可能會「動」。

❻ 擬定簡易的操盤策略，除非看錯，否則盤中不可三心兩意。

首先來說，為什麼下午7時以前應將「盤前持股簡報」整理完畢？這是沒有一定的。一般來說，每日的盤後下午4時左右，券商就會把帳目搞定，所以這時整理「盤前持股簡報」是最精準的。事實上，有的券商早就把網頁上的帳目用「即時回報」的模式當下就算好了。程式設計化的時代，成交單的應收、應付及損益、投報率等等帳目，幾乎在你交易完畢不久，就能獲得精確的資料，已經不必等到下午4時才知道結果。

但是，有些股票專業軟體在下午7時之後，大部分籌碼的資料才會比較完整，所以在下午7時就把帳目搞定，也好在晚上研究股票。

既然作帳完畢、已經確定手上的持股有哪些，就可以開始自行作持股診斷，並且寫「交易日誌」檢討當天的操作得失。

例如：有一位粉絲在2017年4月24日分享了他買進的股票「台達電」（2308）。如果在2017年5月3日收盤前仍然持有股票，那麼他就要在5月3日之前自行診斷一下這檔股票。

檢討01：從技術面來看，「台達電」仍處於多方格局，5月3日依然再創新高；MA5>MA10，量能依然充沛，還沒有明顯價量背離的情況。決策：可以續抱。（見圖4-2）

檢討02：從籌碼面來看，「台達電」的控盤主力依舊續買超，外資雖然稍有調節，但投信態度相當積極，同時在1,000張的大戶持股比率上已漸增高，400張以下的散戶的股票逐漸落入大戶手中。這表示籌碼集中。（見圖4-3）

檢討03：當初買進的理由，迄仍未見改變。當時粉絲是著重在外資的觀點，認為亞系外資調高「台達電」（2308）目標價從187元到192元，並重申「買進」評等，並觀察三大法人在第一季財報和法說會前一個交易日都轉為買超，認為這檔股票仍有前景。如今再看一下機構的評等，並未大幅改變（見

圖4-4），機構的評等至少是「中立」或「區間操作」，有的證券公司甚至仍建議「買進」。5月3日收盤價為176元，距離192元，還有9%的空間。這表示在股價方面還算安全。再從連日的漲幅來看，也不可能被官方警示或注意。

檢討04：從題材面來看，台達電（2308）公告第一季營運成績，營收年增2.8%，低於市場預期主要係受台幣升值干擾影響，如還原升值因素，單季營收年增約在9%；至於獲利上，由於台達電對匯率掌握及時，業外非但未受匯損干擾，尚有約1.4億元匯兌收益進帳，單季稅後淨利39.19億元，持平2016年同期水準，EPS 1.51元。展望2017年後續營運，台達電指出自動化事業2017年中國需求仍佳、電源事業上雖消費性電子PC端仍有衰退，2017年仍會朝工業用電源等毛利率較高產品調整，全年營運仍看向上，長線亦持續看好電動車商機，逐步布局切入歐、美、中等車廠。所以，在話題上屬於正面的。

檢討05：從5月3日的大盤來看，「車用電池概念股」算是除了蘋果概念股之外的重要主流類股之一，身為「全球第一大電源供應器製造廠」的「台達電」，也是屬於「車用電池概念股」。諸如同一概念股的「美琪瑪」（4721），漲幅8.33%；同屬於「電子零組件」的「鋁新」則收漲停板。所以，在產業面來看，台達電應該是屬於「對的」產業。

經過這樣的評估之後，「台達電應可續抱」的決策，就會在第二天的開盤之後，不致因大盤遽變而造成三心兩意的局面。（以上的檢討內容，是筆者模擬代擬的。）

圖4-2 「台達電」（2308）的日線圖。

圖4-3 「台達電」（2308）的籌碼面表現。

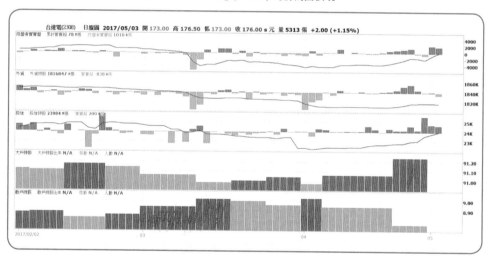

資料來源：XQ全球贏家

圖4-4　「台達電」（2308）的機構評等。

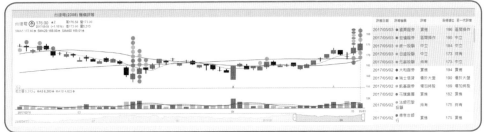

圖4-4　「台達電」（2308）的機構評等。

資料來源：XQ全球贏家

大戶追蹤及分點研究

在「盤前準備功夫」的「持股診斷及反思」之後，我們一定也會對當天的重要飆股存有一些「可惜」的感覺吧？也許那是你前幾天就注意到的股票，沒想到當天在你不注意的時候，它「竟然真的漲停了，而你沒買」！或者已經漲停板買不到了！

先別急！有些當日的漲停板股票，如果你去追買，未必一定是「必賺」！因為現今很多漲停板股票，其實是有「毒」的！因為它可能是別有用心的大戶拉抬的，也許明天就要「拉高出貨」，或吸引你注意，當你追進時，他正好倒貨給你！

舉例來說，2017年5月2日，有一檔飆股漲停板了（見圖4-6）——「統新」（6426），你沒買到，是吧？

這檔飆股，你雖未做過，卻心儀已久，因為……請看圖4-6，光是從2016年12月9日起算，到2017年5月2日，短短5個月的漲幅就將近6倍了！「哇，好強啊！」「它又漲停板了！」是一致的呼聲！

圖 4-5 　「台達電」（2308）的日線圖。

圖 4-6 　「統新」（6426）在 2017 年 5 月 2 日的日線圖。

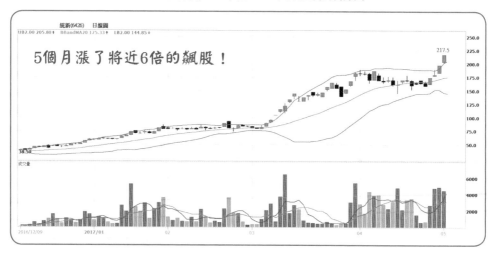

資料來源：XQ 全球贏家

然而，如果我們在2017年5月2日不先做做盤前準備功夫，而決定次日去追買，會有什麼結果呢？

　　請看圖4-7，「統新」（6426）在2017年5月3日的日線圖，是一根大黑K。這根黑K非同小可！因為它是「空頭吞噬」加上長上影線，表示賣壓極大！

　　「空頭吞噬」別名：「陰線吞噬」，又叫做「陰包入線」、「陰吞噬」、「空頭穿頭破底」、「最後的擁抱」，光聽這些解釋，可知道嚴重性了。它的經典型態是由一紅、一黑的兩根K線組成。在上漲一段的過程之後，第一天拉出一根陽線，第二天開高，但是短多突然不攻了，被盤面空頭殺出一根長黑。這第二天的長黑實體，完全吃掉第一天陽線的紅實體。「統新」在2017年5月3日的線型不正是這樣嗎？我們往左邊看，幾乎沒有比它高的價格，所以可以說是「天價」（經查231.5元確實是一年內的最高價），當「天價」出現上影線時，可不是什麼好兆頭！一旦跌破這個低點（199元），就是「賣出」的訊號，甚至都可以「放空」了！尤其這一天的量能更是驚人——7,172張，經查也是一年內的最大量，也就是天量！偏偏它的價格卻收在202元，跌幅是7.13％！從高處（231.5元）跌到收盤價202元，跌幅高達12.7％，還超過了一日的10％漲跌幅限制！

圖4-7　「統新」（6426）在2017年5月3日的日線圖，是一根大黑K。

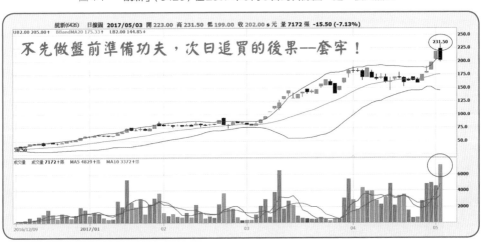

資料來源：XQ全球贏家

圖4-8 典型的「空頭吞噬」（陰線吞噬）。

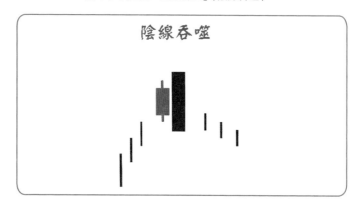

圖4-9 飆股「統新」在2017年5月3日慘跌。

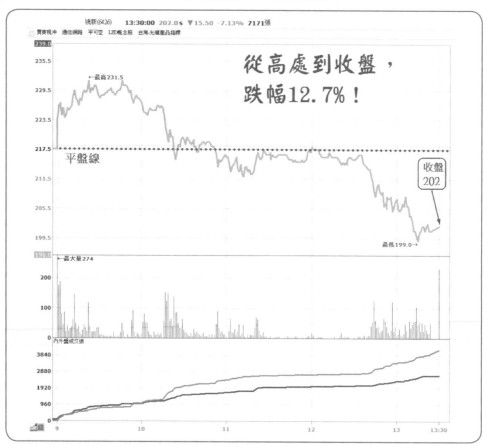

資料來源：XQ全球贏家

當然，說到這裡，「統新」（6426）就當真沒有救了嗎？基本上要再觀察3天，如果沒有關鍵主力特殊作為的話，顯然5月3日的長黑是一大敗筆。演戲的要下台，觀眾不肯離去，也是好戲可看啊！請看圖4-10，「統新」（6426）的三大法人持股，已然鬆動，如果行情要再大漲，恐怕得休息一段時日了！或許演戲的班底（主力大戶）得換另外一群！

圖4-10 「統新」（6426）的三大法人持股，已然鬆動。

日期	買賣超					估計持股				持股比率	
	外資	投信	自行買賣	自營避險	三大法人	外資	投信	自營商	三大法人	外資	三大法人
2017/05/03	-115	0	-58	0	-173	3,275	1,082	252	4,609	10.14%	14.27%
2017/05/02	71	0	-18	0	53	3,390	1,082	310	4,782	10.49%	14.80%
2017/04/28	686	0	58	0	744	3,319	1,082	328	4,729	10.27%	14.64%
2017/04/27	-69	45	-35	0	-59	2,633	1,082	270	3,985	8.15%	12.34%
2017/04/26	61	173	-2	0	232	2,702	1,037	305	4,044	8.36%	12.52%
2017/04/25	-5	0	14	0	9	2,641	864	307	3,812	8.17%	11.80%
2017/04/24	7	0	25	0	32	2,646	864	293	3,803	8.19%	11.77%
2017/04/21	7	0	23	0	30	2,639	864	268	3,771	8.17%	11.68%
2017/04/20	-146	0	-40	0	-186	2,632	864	245	3,741	8.61%	11.57%
2017/04/19	-246	31	0	0	-215	2,778	864	285	3,927	8.60%	12.16%
2017/04/18	-21	53	0	0	32	3,024	833	285	4,142	9.36%	12.82%
2017/04/17	276	-461	3	0	-182	3,045	780	285	4,110	9.42%	12.72%
2017/04/14	-116	-20	-2	0	-138	2,769	1,241	282	4,292	8.57%	13.29%
2017/04/13	-25	31	-19	0	-13	2,885	1,261	284	4,430	8.93%	13.71%
2017/04/12	-29	0	-32	0	-61	2,910	1,230	303	4,443	9.01%	13.76%
2017/04/11	-228	0	-24	0	-252	2,939	1,230	335	4,504	9.10%	13.95%
2017/04/10	-51	48	-32	0	-35	3,167	1,230	359	4,756	9.80%	14.72%
2017/04/07	-47	-155	-58	0	-260	3,216	1,182	391	4,791	9.96%	14.83%
2017/04/06	-40	0	-15	0	-55	3,265	1,337	449	5,051	10.11%	15.64%
2017/04/05	-17	0	-44	0	-61	3,305	1,337	464	5,106	10.23%	15.81%
合計	-47	-255	-256	0	-558						

資料來源：XQ全球贏家

大戶追蹤及分點研究」之後，我們就得把自己發現的潛力股鎖定，列入「自選股」的範圍，必要時可先就特別看多或看空的個股，挑出它的權證預作準備。

接下來，看看三心兩意的結果，容易追高殺低！次日有什麼法說會、除權息，想想哪些股次日可能會「動」。然後，擬定一些簡易的操盤策略，並叮嚀自己：除非看錯，否則次日盤中絕不可三心兩意。

多空因素判讀

　　股市有一句名言：「勤勞不一定會成功，但懶惰一定會失敗！」謀定而後動，先認真做好功課再出手，比較容易成功。對於大盤的多空因素判讀，是一項重要的事。不論抱持的是什麼股票，最重要的仍是先把大盤搞清楚，明日會漲還是會跌？有什麼多空的訊息？

　　買賣股票，一定要汰弱留強，因為「牆倒眾人推、樹倒猢猻散。」強者恆強，弱者恆弱。我們最好先研究大盤，看看這個盤到底是要漲還是要跌？然後才去看個股。因為大盤對個股的影響力是很大的。常常飆股也會被大盤拖累。

　　一般我都設計一個6張圖可以並列觀察的版面。請看圖4-11，左上是台股指數近月（FITX*1）的走勢圖，左下是台股指數近月（FITX*1）的日線圖；中間是加權指數（TSE）的走勢圖，中間下方是加權指數（TSE）的日線圖；右上是SGX摩台近月（STW*1）的走勢圖，右下是SGX摩台近月（STW*1）的日線圖。

圖4-11　**筆者設計的一個6張圖可以並列觀察的版面。**

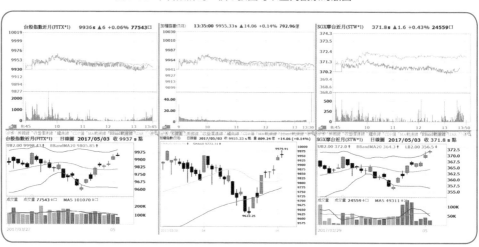

資料來源：XQ全球贏家

衡量大盤多空，要看「騰落指標」（ADL）。「騰落指標」就是每日股票上漲總家數減去下跌總家數所得的數字。把10天時間內上漲家數除以下跌家數的比率，叫做「回歸式騰落指標」，又稱為「漲跌家數比」。數字如為1，代表上漲家數與下跌家數相同；1.5則代表上漲家數是下跌的1.5倍；0.5則是上漲家數是下跌家數的一半。

　　上漲家數除以全部家數，比例越高，代表買進股票勝率越高。

　　騰落指標的應用，具體來說，有以下6種情況：

　　（1）股價指標持續上漲，騰落指標也上升，股價可能仍將繼續上升。

　　（2）股價指標持續下跌，騰落指標也下降，股價可能仍將繼續下跌。

　　（3）股價指標上漲，而騰落指標下降，股價可能回跌。

　　（4）股價指標上跌，而騰落指標上升，股價可能回升。

　　（5）股市處於多頭市場時，騰落指標呈上升趨勢，其間如果突然出現急速下跌現象，接著又立即扭頭向上，創下新高點，則表示行情可能再創新高。

　　（6）股市處於空頭市場時，ADL呈現下降趨勢，其間如果突然出現上升現象，接著又回頭，下跌突破原先所創低點，則表示另一段新的下跌趨勢產生。

　　ADL走勢與指標走勢多數有類似效果；因而也可用趨勢線和型態研判。

圖4-12　2017年5月3日加權指數的漲跌家數和騰落指標。

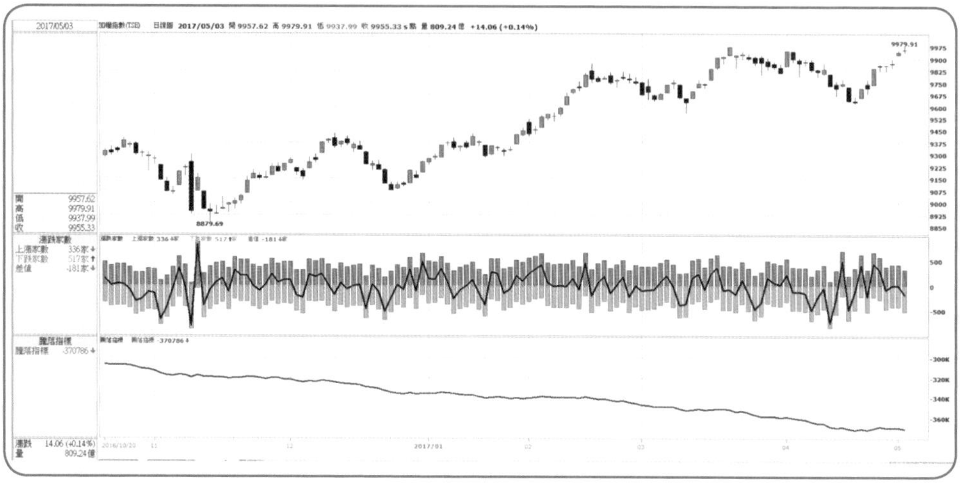

資料來源：XQ全球贏家

　　基本上，與股市關係密切的經濟指標，其實是很多的。它們都可能影響到股市的多空變化。例如：

　　一、經濟成長率（由主計總處發布），成長率越高，對股市越有利。

　　二、貨幣供給額年增率（由中央銀行發布），數值越高，對股市越有利。

　　三、景氣對策信號（由國發會發布），❶紅燈：表示景氣過熱，股市漲過頭。❷黃紅燈：表示景氣漸漸熱絡，股市會穩定上漲。❸綠燈：表示景氣及股市都會平穩發展。❹黃綠燈：表示景氣及股市正處於衰退狀況。❺藍燈：表示景氣在谷底，股市跌過頭。

　　四、消費者物價指數年增率（由主計總處發布），指數越高，對股市越不利。

五、匯率（由中央銀行發布），台幣貶值、資金外流，對股市不利；台幣升值、資金流入，對股市有利。

　　六、利率（由中央銀行發布），利率越高，對股市越不利；利率越低，對股市越有利。

　　七、油價（由國際市場主導），油價越高，對股市越不利；油價越低，對股市越有利。

　　此外，根據多年的觀察，我們發現台股與美元指數，大多數時間是呈相反方向發展的。請看圖4-13，台股上漲，美元指數就下跌；台股下跌，美元指數就上漲。如果各自盤整時，就是方向不明。再請看圖4-14，我們也可以把美元指數和加權指數，做成疊圖來作觀察比較。

圖4-13　**台股上漲與美元指數，大多數時間是成相反方向的。**

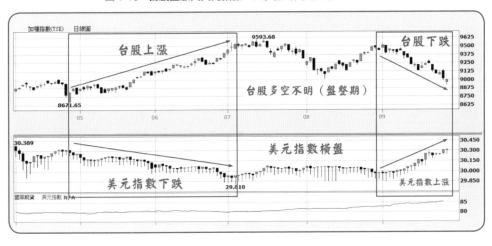

資料來源：XQ全球贏家

圖 4-14 美元指數也可以和加權指數，做成疊圖來作觀察比較。

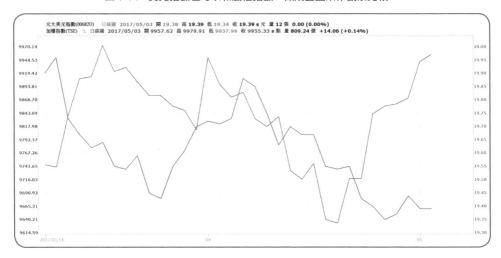

資料來源：XQ全球贏家

⊕ 用移動平均線去分辨趨勢，最可靠

在分辨大盤或個股的趨勢時，移動平均線是最可靠的線索，移動平均線依計算期間的長短，可分為短期移動平均線、中期移動平均線、長期移動平均線。在多頭市場，移動平均線從「短均線」開始，逐條向上彎，逐漸擴散至「中均線」及「長均線」，形成「全多排列」；在空頭市場，移動平均線從「短均線」開始，逐條向下彎，逐漸擴散至「中均線」及「長均線」，形成「全空排列」。

以下移動平均線的參數，是最常見的。相關的基本概念，是新手必須知道的：

參數	內涵	特性
5日移動平均線	一般叫做「周線」	個股跌破5日線，代表股票轉弱。
10日移動平均線	一般叫做「雙周線」	兩周只有10個交易日，故名「雙周線」。
20日移動平均線	一般叫做「月線」	這可以說是主力的成本線。 也有人用18或21或22日為參數。
60日移動平均線	一般叫做「季線」	這是法人的成本區，又叫做「法人線」或「景氣線」。它是最具法人與市場景氣性質的移動平均線，也是中期多頭、空頭市場的分界點。 也有人用55日為參數。
120日移動平均線	一般叫做「半年線」	有些高手會以「近一交易日股價創180日新高」為選股條件，可見半年線也可以判斷多空。也有人用130或180為半年線。
240日移動平均線	一般叫做「年線」	年線代表「基本面」或「大股東成本線」。 在國外，通常使用200日線來代表年線，而台股通常以240或260或280為主。 指數跌破年線時，大多數的股票都會出現暴跌50%的腰斬走勢，甚至從百元以上跌成雞蛋水餃股的比比皆是。 有時，加權指數在跌破年線後，會整整跌了1年的時間才重回年線以上；突破年線後，也可能整整走了2年的多頭行情才結束。

以中長期來說，5*240（5日線及240日線）是判斷多空的好標準。為什麼不永遠用同樣的標準？因為有時乖離太大了，在日線圖上根本看不到240日均線。以個股來說，在正常情況，一般都是以20*60為多空分界，最容易看得到成果。在週線來說，也以10週、20週線來判斷多空，最為普遍。

圖4-15　**在正常情況，一般都是以20*60為多空分界線。**

資料來源：XQ全球贏家

⊕ 用乖離率求得更適合的密碼

從乖離率加以研判：加權指數和SMA60（季線）的差距，如果超過10%以上，多半造成次日行情的下跌。但是，飆股（紅三兵、黑三兵等）不在此限。

有些新讀者仍不十分清楚「乖離率」、「乖離指標」是什麼。在此，解釋一下：

股票的收盤價，通常會在「移動平均線」上下的一定範圍內移動。當股價偏離移動平均線太遠時，都有向「移動平均線」靠攏的特性。計算股價偏離移動平均線的「乖離值」及「乖離率」，是用來評估股價偏離移動平均線程度的指標，稱為「乖離指標」。

乖離指標是根據「葛蘭碧買賣法則」衍生而來的指標，乃是「移動平均線」的輔助技術分析工具。用於研判「買進時機」與「賣出時機」。

如何算出「乖離值」？

當股價距離「移動平均線」太遠時，會向移動平均線接近。但距離多遠，才會向移動平均線靠近？這與股市強弱有關。為了測量出這樣的距離，於是就發展出「乖離值」。

股價（大盤指數或個股收盤價）與移動平均線之間的距離，稱為「乖離」。可計算「乖離值」，以表示乖離之大小。其計算公式如下：

乖離值 = 當日股價（大盤指數或個股收盤價）－ N日移動平均價

由上述計算公式可知，「乖離值」就是目前股價偏離「移動平均線」的距離，包括3種情形：

1、零乖離：股價（大盤指數或個股股價）等於移動平均線時，乖離值等於零，稱為「零乖離」。

2、負乖離：股價在移動平均線的下方，乖離值為負，稱為「負乖離」。

3、正乖離：股價在移動平均線的上方，乖離值為正，稱為「正乖離」。

⊕ 多空大行情決定在「量」

價，有如是火車的軌道；量，好比是火車頭裡燒的煤。要讓火車在軌道上行駛，必須燒煤；要「價」往預期中的軌道走，就必須用「量」（資金或股票）去推動！「量縮」與「無量」有著本質的區別。前者是股價健康發展的正常需要，後者則是股價疲弱的表現。

量能比股價先甦醒，也同時比股價先行。如果光是看到某一檔股票MACD、KD、RSI值的「低檔黃金交叉」就急著買進股票，是太衝動了，因為那未必有大行情。一定要有連續性的大「量」出現，才能真正推動一個較大波段的漲幅。

根據經驗法則，量的判讀和多空的關係如下：

❶ 價漲量大，顯示這支股票後市看好，不要急著賣出。

❷ 價漲量縮（跌則例外），顯示這支股票的持有者已經惜售，不妨開始尋找買點。

❸ 價漲量縮（漲停鎖住則例外），顯示這支股票追高者少，必須開始尋找賣點。

❹ 價跌量大，顯示這支股票後市看淡，導致有人大量拋出，千萬不要急著介入。

❺ 量能是股價的精神，股價是量能的表情。

❻ 高檔量退潮防大跌，低檔量漲潮預備漲。

❼ 量大作多套牢居多，量小作空軋空伺候。

❽ 多空的勝負雖在價，但決定卻是在於量。

圖4-16　**多空大行情，決定在「成交量」**

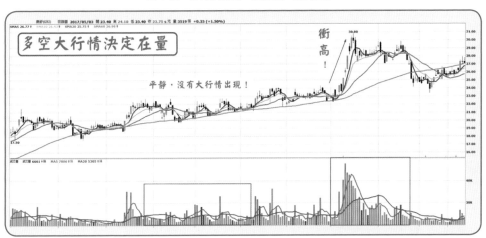

資料來源：XQ全球贏家

⊕ 開盤前的查閱與摸清主流所在

盤前準備功夫，主要在於多空方向和選股名單的積累，由於時間比較充裕，所以多在前一天晚上進行。到了交易當天，則要進行的是：

❶ 國際股市及期貨的未平倉。

❷ 參考美國股市（和台股連動性最大）。

❸ 參考日韓股市（台股開盤會受影響）。

❹ 注意國際財經新聞。

❺ 參考8：45期貨開盤狀況。

❻ 先判斷今天可能會走多還是走空。

摸清主流所在，是股市操盤過程中重要的法則。可是，臨場選股往往手忙腳亂，若能在盤前先弄清楚，就可免時間的浪費。

❶ 早上6時後，整理「盤後選股清單」。

❷ 先看個股技術面和位置。

❸ 記錄試撮的漲幅排行榜，並記下真實結果。

❹ 開盤後，記下最強的類股和個股。

❺ 從盤後選股、當天強勢股、基金加碼股等，決定如何出手。

❻ 先賣弱勢股。抱牢強勢股。

❼ 看準穩賺股票的權證，用金字塔方式分批交易。

❽ 強勢股快漲停，就別買權證。權證只能在低檔買進。

❾ 盤中殺進殺出，要有理性！

多年的教學經驗告訴我，散戶在操盤時，多半非常急躁。急於賺錢的心態，造成無法冷靜看待行情的變化。其實有些飆股並不是已經「出貨了」或「不行了」，可是，散戶總是對所謂的「飆股」期許過高，一看當天表現不

佳，就不耐煩了，往往容易「追高殺低」。其實，在人人都可以得而知之的「投信買賣超」資料上，更是如此。

　　投信非常清楚散戶都在看他們認養的股票，同時非常喜歡搭他們的便車。但是，他們有時也會適時休息一下，等追買的人都上車之後，來一個「甩轎」，把沒有信心或只想做短的「浮額」洗乾淨，然後在大家不注意時又突然續攻了。現在請看圖4-17，筆者在拙著《100張圖抓住漲跌停》（方天龍著／財經傳訊出版）一書第131頁有一張圖（該書圖52-4）就提到，「潤泰全」（2915）和「聲寶」（1604）就曾有8天後拉漲停板的記錄。這種情況並非特例，而是經常有的。我在文中解釋，投信雖然常常連續買進，讓你覺得某一檔股票不錯、可以跟進，但是他也有「連休」數日不去管它的記錄，讓你忘了它的存在。反正他們的成本肯定比你低、不怕跌，而你一跌就怕，一定會因受不了「盤跌」（虎落平陽）而忍痛認賠賣掉，然後他們會出其不意地在你賣掉之後，再度拉漲停！這時的你肯定後悔莫及了！

圖4-17 「潤泰全」（2915）和「聲寶」（1604）就曾有8天後拉漲停板的記錄。

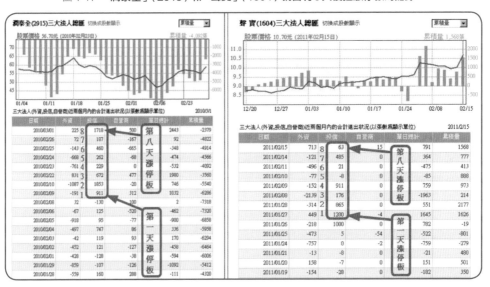

資料來源：作者方天龍提供

我在教學時，經常碰到戰友們（我把建檔有案的讀者，稱為「戰友」）把一檔還沒有結束行情的股票小賺就賣掉了！原因與其說「不耐煩」或「沒信心」，不如說是看盤「判讀」的功夫還不夠！

　　有一次，一位參加過方天龍講座的戰友，依照我的選股方法，也同時選中了一檔投信買很多的股票——「立積」（4968）。請看圖4-18，我們的「立積」（4968）都買在❶，這一天是2017年3月23日，當天收⊕80.4元。沒想到❷這一天（2017年3月24日）跳空之後往上拉到87.8，收盤卻打到83.3。❸是第三天（2017年3月27日）依然開高拉到88，收盤卻打到盤下收83（跌幅0.36%）。❹是第4天（2017年3月28日），就更不妙了！開高後，只拉到85.3就往下打，收盤時只剩79.7（跌幅為3.98%）。這時戰友來問我了，是不是該賣掉了？

圖4-18　「立積」（4968）日線圖上的關鍵價位。

資料來源：XQ全球贏家

134

首先，我要說，戰友的疑慮不是沒有道理的。因為圖4-18，這是一個「並列天羅」的型態，是屬於一種「做空的操盤K線」，不利於後市。

這裡解釋一下什麼叫做「並列天羅」：

在上升趨勢的尾端或高檔區，一根帶量的流星線，稱為「天線」。連續出現兩根流星線，其上影線大於實體，且收盤價及最低價相近，稱為「並列天羅」。在高檔區，並列天羅的「量」越大（如暴增量）、或「價」越大（如跳空缺口），所透露的變盤訊號越強。在高檔，出現暴增量，是一種警訊。第二天量縮到前一天的二分之一，甚至三分之一，表示出貨完畢。第二根流星線如果呈現跳空型態，而其中一根流星線則有「暴增量」，是趨勢將反轉走跌的訊息。在「並列天羅」型態出現之後，再出現開低量急縮的中長黑K線，同時還一舉跌破第二根流星線的低點，那多半凶多吉少了。

請看圖4-19的「並列天羅」的型態，是不是和圖4-18所呈現的現象完全一致？圖中❷這一天（2017年3月24日）的量，就是擁有「暴增量」，❸這一天（2017年3月27日）量縮到前一天的二分之一，甚至三分之一，表示出貨完畢。❹這一天（2017年3月28日）更出現開低量急縮的中長黑K線，同時還一舉跌破第二根流星線的低點。那豈不是非做空不可了？何況它還把❶和❷之間的「跳空缺口」填補了。股價勢必反轉而下了！

圖4-19　「並列天羅」的型態。

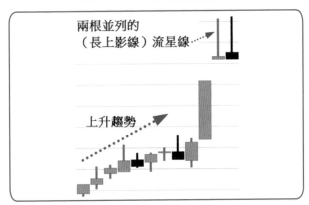

然而,我仍依照往例,請戰友給「立積」這檔股票3天的觀察期,除非跌破2017年3月23日這根漲停板的低點73.5元,才停損賣出。請看圖4-20,在這幾個關鍵日期中,我們可以發現控盤者、主力、外資、投信全都連續大買。其中必有蹊蹺!果然再隔3天之後,「立積」又收漲停板了!請比較一下本書圖4-17,是不是異曲同工呢?竟然前後加起來正是8天!投信習慣8天拉漲停,這是我獨到的發現!

　　2017年4月5日的漲停板,使我非常興奮,立刻把看盤心得轉發給參加過講座的LINE好友!(凡參加講座者,我都加他為LINE好友)就是這張圖(圖4-20)!上面有一些溫馨的提示:

　　「現在做股票都需要一點耐心!不要隨便認賠!假如一檔股票籌碼夠強的話,通常多等幾天就會再起來!」

　　不要不信邪哦!「立積」因為「反常必有妖」(該跌而不跌的股票,最強!)而一直往上飆漲。來到筆者寫本文的2017年5月4日,已經飆到123元了!從起漲的收盤價⊕80.4元,算到123元,投資報酬率已達53%了!可見得在盤中作出決策,一定要多細想,不要盲目殺進殺出,才能獲大利!

圖4-20 「立積」再度8天拉漲停板！請和圖4-17對照一下，都是前後8天，頭尾均收漲停價。

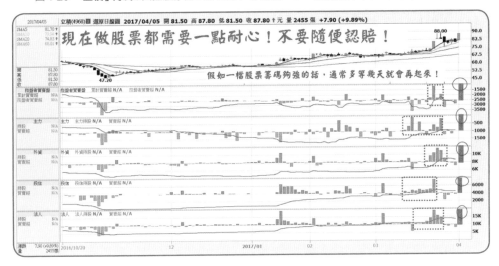

圖4-21 「立積」光是從起漲的收盤價⊕80.4元，算到123元，投資報酬率已達53%了！

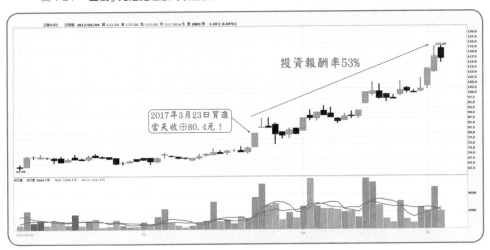

資料來源：XQ全球贏家

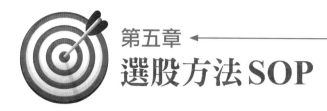

第五章
選股方法SOP

選股能力——決定成敗最大關鍵

　　古代的勾踐滅吳之後，相傳范蠡攜西施避世太湖，逍遙餘生。其實，范蠡另有妻室，當他功成身退後，為免勾踐「兔死狗烹」，改名為陶朱公，從商一帆風順。

　　有一天，他的次子在楚國犯了死罪。楚國大臣莊生是陶朱公的好朋友，陶朱公被太太要求寫信向莊生求救。於是，陶朱公打算派他第三個兒子攜帶黃金與他的信函，去楚國營救哥哥。

　　陶朱公的大兒子對父親的決定感到不服，認為應由身為長子的他代表父親去才對，陶朱公的太太也認為有理。但陶朱公說，派老三去，比較有可能把二兒子救回來；如果派老大去，可能就要準備喪事了！他太太卻堅持要長子去，陶朱公只好依她了。

　　老大去了楚國，找到了莊生，送上一大箱黃金和信函請求幫忙，莊生於是向楚王說情。過了幾天，楚王突然表示近日內要發布特赦令，陶朱公的二兒子屆時也可以出獄了，此時在楚國等消息的老大聞訊感到很後悔，心想，早知道有特赦令，就不必花錢了，於是跑去找莊生說明心意，表示想取回財物。莊生很不爽地把黃金退還給他了。

　　莊生越想越不舒服，就去向楚王咬耳朵，表示陶朱公是有名的大商人，如今舉辦特赦，外面會傳是我們收了他的賄賂，所以建議先把他的兒子斬了

再特赦，以杜悠悠之口。楚王一聽覺得有理，於是決定行刑後再宣布特赦。最後，果然如陶朱公所料，他的次子真的救不回來了！

貪財固然容易壞事，但小氣有時也會罹禍。人格特質影響行事風格，陶朱公的老三是在他富裕後生出來的孩子，因此對金錢較不在乎；老大成長於窮困中，把錢看得很重，一聽到特赦的消息，馬上想要把送出去的錢要回來，卻未揣摩對方的感受。可見人格特質常成為辦事能力的關鍵因素。股市投資時的選股能力，正如范蠡的選人能力。選擇了第三個兒子，或許能達成任務，可是選擇了長子卻壞了大事。這樣的抉擇能力，就將范蠡和他太太的智慧程度分出了高下！

常常有人說：甲股票的公司這麼好、老闆又如此優秀，怎麼股價都不動呢？乙股票的公司營運這樣差、老闆風評又如此不佳，怎麼反而漲個不停呢？——答案可能是：甲股票或許股本太大，沒人炒作；乙股票有主力進場，當然價漲量增。

又例如，甲股票連漲6個停板，你一買進卻開始盤跌不休；乙股票連跌6個停板，你打算放空卻發現它止跌上揚了，怎麼這麼不巧呢？——答案可能是：前者漲幅已大，後者補漲了。所以選股的技巧會隨「時間」和股票的「位置」而有所不同。

完整的操盤體系包括三方面：一、選股。二、操作。三、資金控管。選股是其中最重要的一環，要想買的安心、抱得放心、賣的開心，就不能不好好研究一下。

⊕ 均線設定的重要「眉角」

基本上，選股的方法極多，重要的元素包括：題材、族群、籌碼、線型；重要理論依據包括：K線理論、趨勢理論、型態理論、移動平均線理論、軌道線理論、葛蘭碧八大法則、B-Band指標等等，都能找到選股的方法。所有的高手無不在尋找所謂的「交易聖杯」，而不論「交易聖杯」是否有效，一切目標的達成，都得從「選股」出發。但是，從投資策略來說，有的人是採取基本面著眼，有的人是從技術面進行篩選。筆者則是由「技術面」和「籌碼面」雙管齊下，第一步驟就是從「均線」著手。

我們從上一章的「用移動平均線去分辨趨勢，最可靠」這一小節，已經說明了簡單的移動平均線理論，現在我要說明的是一般高手的常用均線：

步驟一：首先要從週線來確定中期是否多方格局。

「長線保護短線」是一個操盤的重要概念，意即我們必須先看好一檔股票的後市，至少可以有一大段行情，再去選擇短期內適合介入的買點。這樣的做多，就非常安全；買了股票以後，會讓你吃得下、睡得穩。同樣的道理，你想做空，也必須找那種後市看壞、有大跌一段可能的股票，才不會被「軋空」。

然而，從週線如何確定多空呢？這並沒有一定的標準答案。不過，一般老手都知道，以20週線為多空分界線，是一個基本的原則，有的老師光憑這區區一招，就可以傳道授業好幾載了，可見學習的人都覺得有效。至於我個人和好友「股市教父」胡立陽先生則比較偏愛用10週線為多空分界線。曾經擔任過美林公司總經理的胡先生曾經在一起吃飯時告訴我，他在長期的美國經紀業務中發現，那些因股票致富的客戶，多半是看10週線在操作美股。後來我自己在研究大盤時，尤喜用10週線判斷行情，特別是我常常看「MA軌道線」，因為它的中間那條線就是10日線（如果你用日K線，搭配10日線；如果你用週K線，搭配10週線，有時是很準的。布林通道（B-Band）的中線則是20日線，為一般投資人所慣用。

為什麼技術線型的均線選擇上，沒有一定的答案呢？這就像有人使用左手，有人使用右手，只要自已覺得好用即可。至於利弊得失是這樣的：用大家慣用的均線，有助漲助跌功效，有時也很準；用獨家的均線，固然有更高明之處，但一旦廣為人知，則容易失效。這就好像當一條秘道為人人所知悉時，這條路就會塞爆了，反而不是捷徑。筆者一向不願做一個名人，所以「有緣的」讀者很有限，也就沒有這個問題。後面的篇章，筆者會把自己的獨家方法公開，是因為其實均線的組合，只是其中一項條件，還有很多「眉角」還得自己慢慢體會。筆者的股票教學已有多年經驗，很多高手也已悄悄將我的獨家秘笈改作或仿作了，如果不在書上趕快寫出來，將來說不定熱門名人公開使用久了，人家還以為我是抄他的呢！O(∩_∩)O~

　　圖5-1，是以「鴻海」（2317）為例，用20週線來檢驗一檔股票可不可以買進。凡是在20週線之上的就可以做多，鴻海顯然是做多的。當然，至於是不是乖離過大，那是另一個新的課題。至於圖5-2，是以「鴻海」（2317）為例，用10週線來檢驗一檔股票可不可以買進。圖中的10週線，顯然比20週線（圖5-1）更接近股價，換句話說，它的檢驗標準更高了！

圖5-1　「鴻海」（2317）的週線圖，圖中的線為20週線。

資料來源：XQ全球贏家

圖5-2　「鴻海」(2317) 的週線圖，圖中的線為10週線。

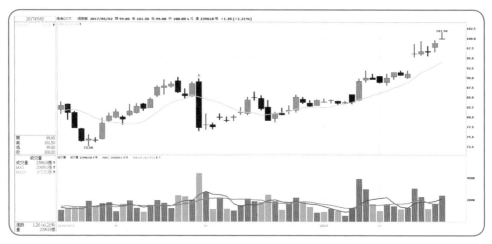

資料來源：XQ全球贏家

　　步驟二：從日線來選擇多方格局的股票做多、空方格局的股票做空。

　　其次，週線是代表中期的趨勢，而日線則代表短線的趨勢。至於月線是長期投資者比較適合的觀察線型。對於一個積極的投資人來說，筆者認為，光是看週線和日線就夠了。當然，如果有時間，能將月線、週線、日線都一起看看，那就更好了。但是，如果經常在操作股票的人，也可以用20日線來看「月線」。因為時代的趨勢使然，現今極多的大戶都做短線，有些新興作手根本不用「養、套、殺」那麼古老的方法，而是直接用「鉅額轉帳」的方法吸收籌碼。再不然，就乾脆從市場買進股票先行卡位，然後臥底一段時日後，就迅速急攻了。那麼，你看「月線」未必比較高明或有用。月線，多半只是觀察長線主力心態的方法而已。

　　所以，步驟二就直接進入股票的「日線圖」，選擇多方格局的股票做多、空方格局的股票做空。所謂多方格局指的是站在60日線（俗稱生命線，也叫做季線）以上的股票，所謂「空方格局」則指的是站在60日線以下的股票。

圖5-3 「鴻海」（2317）的日線圖，中間那條線是60日線。

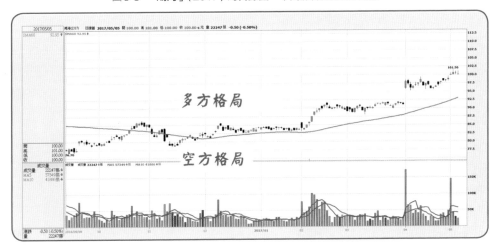

多方格局

空方格局

資料來源：XQ全球贏家

步驟三：用5、10、20三條線，看是多頭排列或空頭排列。

前面已經看過60日線了，所以接下來只要觀察5、10、20日3條線，看是多頭排列或空頭排列即可。

5、10、20、60代表的是5日移動平均線、10日移動平均線、20日移動平均線、60日移動平均線，分別代表最近5天收盤價的平均成本、最近10天收盤價的平均成本、最近20天收盤價的平均成本、最近60天收盤價的平均成本，也就是代表最近1週收盤價的平均成本、最近2週收盤價的平均成本、最近1個月收盤價的平均成本、最近1季收盤價的平均成本。

這4條線會閉合（糾結成一條線），也會拉開（變成有上有下）。當4條線糾結成一條線時，稱為「4線糾結」；當3條線糾結成一條線時，稱為「3線糾結」；當2條線糾結成一條線時，稱為「2線糾結」。當這些線糾結時，代表著「股價蓄勢待發，即將有所作為」（未來可能上漲，也可能下跌）。

但是，如果我們準備做多，則要選擇線型打開後，股價>5日移動平均線>10日移動平均線>20日移動平均線>60日移動平均線的股票。因為這表示

股價位於各個區間的移動平均線之上，那麼，各個區間的價位都會成為「支撐價位」，一旦當股價漲多拉回修正時，這每一條線都會產生助漲和支撐的功能，股價容易往上前進。同樣的道理，如果我們準備做空，則要選擇線型打開後，股價<5日移動平均線<10日移動平均線<20日移動平均線<60日移動平均線的股票。因為這表示股價位於各個區間的移動平均線之下，那麼，各個區間的價位都會成為「壓力價位」（也就是套牢價位），一旦當股價跌深反彈時，這每一條線都會產生助跌和壓力關卡的功能，股價上漲不易！

所以，這麼分析，我們就知道，這條線打開之後的排列，會決定看多還是看空的行情。

一般來說，當4條線打開成多頭排列時，稱為「4多排列」；當3條線打開成多頭排列時，稱為「3多排列」；當2條線打開成多頭排列時，稱為「2多排列」。當這些線形成多頭排列時，代表著「股價噴出，向高處前進」。當4條線打開成空頭排列時，稱為「4空排列」；當3條線打開成空頭排列時，稱為「3空排列」；當2條線打開成空頭排列時，稱為「2空排列」。

現在我們來看圖5-4「鴻海」（2317）的日線圖，2017年5月5日這天的3條均線（5、10、20三條移動平均線），是呈現股價>5日移動平均線>10日移動平均線>20日移動平均線，所以它就是「三多排列」；再看圖5-5「鴻海」（2317）的日線圖，2017年5月5日這天的4條均線（5、10、20、60四條移動平均線），是呈現股價>5日移動平均線>10日移動平均線>20日移動平均線>60日移動平均線，所以它就是「4多排列」。

凡是越多條線作多頭排列，就代表更確認是大多頭行情；越多條線作空頭排列，就代表更確認是大空頭行情。

圖5-4 「鴻海」(2317)的日線圖，在2017年5月5日形成「三多行情」。

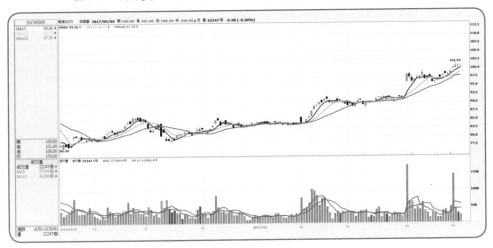

圖5-5 「鴻海」(2317)的日線圖，在2017年5月5日形成「四多行情」。

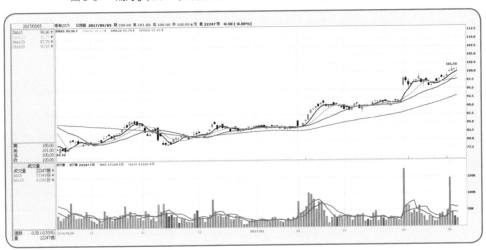

資料來源：XQ全球贏家

現在，做一個小結論：

一、每個人都可以選擇適合自己的均線參數，用來選股。

二、熱門名人的特殊均線設定，不必太在意，多半只是唬人的。除非他有研究，才會成為密技。

三、隨時用大家常用的均線反覆檢視自己的選股，因為大家常用的參數會有助漲助跌作用。

四、我對均線的使用策略：

❶ 不拘泥於一種，才會靈活。

❷ 依各個時期，用不同的均線研判（有時在同一個日線圖頁面，根本看不到5日和240日移動平均線的交集）。

❸ 依各種功能，用不同的均線研判。（有時是觀察起漲點、有時是計算糾結程度、有時是看有幾多排列）

❹ 我們必須學會如何用各種均線來及早發現趨勢，防止趨勢改變而不知不覺受傷。這才是使用均線最重要的功能。

我的獨家均線設計：3*5*8

筆者在中學時期超愛「解析幾何」，成天泡在做幾何補助線的狂熱中，廢寢忘食，終於發明了世界最簡單的畢氏定理新證法。當時我才17歲！補助線就是畫在直角三角形的分角線，然後套用「分角線定理」就解出來了！再也沒有比我這個發現更快的解法了！

由於分角線定理並非由畢氏定理導出來的，所以可以用。如果用「中線定理」同樣可以解題。但是，中線定理是由畢氏定理導出來的，所以不能用。

我用「分角線定理」來證明畢氏定理的正確，無疑是我這一生最偉大的創意。可惜被當時的數學老師湮沒了。他的個性一向傲慢，不希望學生比他強。他只是點點頭而已。我想，如果他當年能給我一些鼓勵，說不定我就能朝這方面發展，也不至於後來從醫學組轉到文科組，變成文藝青年了。

我提這段往事，主要是說明，任何學問只要有熱狂且專注（例如我每天花10小時研究股票）地鑽研，總會有特殊的心得。所謂「認真，拚不過迷戀」，儘管我長期在報社的工作也與編採股票資訊有關，但真正迷戀股票的密技，才是我突飛猛進的主因。我在離開報社以後。有將近10年的時間，是隱居他鄉閉關苦修股票學。迷戀、鑽研股票之學，終於讓我發現獨家的均線操作秘笈：3*5*8均線。

3*5*8是什麼呢？指的是3日、5日、8日這3條移動平均線。這3條均線糾結後拉開形成黃金交叉，便是最佳買點。

3*5*8這一組神奇的數字，是我在長期「短線操作」時的意外發現。我沒有做過程式交易的回測，但在我多年的經驗驗證中卻有神奇的績效。後來，當我舉辦股票密技教學講座時，有一位因學會而賺大錢的「富二代」很低調地悄悄告訴我「老師，你的3*5*8真的很管用，我賺了85萬！」這位學

員一度遠征高雄去聽我的課，因為台北場那天他剛好有事。還有一位老手更悄悄把我的秘訣寫成程式，每一波都是一賺就5萬元。他也請我務必別再公開秘訣。看來這個指標振奮的並非我一個人，還有一位熱門名人已經偷偷仿作，寫成程式交易，在賣他的軟體了！我心知肚明，但也無可奈何，畢竟不是百分之百一樣。所以，有一位上課的學員問我「這樣下去怎麼辦？會不會被大家都知道了？」

我笑著說：「不會啦！放心！我一向避免成為熱門名人，所以不會有太多讀者知道。買書人口目前已經萎縮，愛書人買的不一定是我的書；買我書的人，不一定真的很用功；用功的人，不一定剛好看到真正的秘訣；看到秘訣的人，不一定很會操作。」

說到筆者3、5、8均線組合的靈感來源，主要是出自「黃金比率」。「黃金比率」是一個很奇妙的神奇數字，運用在股票分析上，真是奧妙無窮。我獨創的3*5*8均線操作法，即是源於這一連串神奇數字的組合，在股市拚搏的時候，常常感覺有「天降神兵」的助力。這個神奇數字，要感恩於古代義大利著名數學家Leonardo Fibonacci的發現。他的黃金比率之說，是由一組神奇數字計算而成。這串神奇數列，是任何相鄰的兩個數字之和都等於後一個數字。即：1，1，2，3，5，8，13，21，34，55，89，144……如此類推。即1＋1＝2，1＋2＝3，2＋3＝5，3＋5＝8等，以下類推。筆者在操作股票時，就是採用3*5*8這一組數字，作為短線均線操作的妙方。

其實，不只是短線操作，可以用3*5*8這個數據；在攻城掠地時，也常有很多高手用這些黃金數字來作「時間轉折」的參考。舉例來說吧！請看圖5-6，在這張圖中，確實有很多3、5、8、13的時間轉折。我們當然不能苛求「百分之百」吻合！只要機率高，就應該感恩了！費波南希數列的「時間轉折」，用波浪理論來檢視，1999年2月的低點5,422，到2000年2月的高點10,393，相距13個月，恰好符合波浪理論中「費波南希數列」的轉折數字之一（1、2、3、5、8、13、21、34、55………）。到了「關鍵數字」浮現

時，就要注意是否出現轉折現象，應該就能避開當年的大跌。（高檔出現一根長黑後，3天內沒法漲過長黑高點，最好出清股票）

圖5-6 **有關3、5、8、13的時間轉折示意圖。**

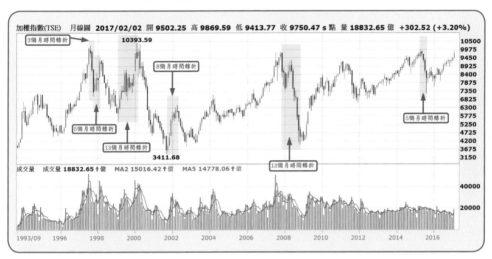

資料來源：XQ全球贏家

　　「均線糾結」，是技術派高手最注意的選股條件之一，它蘊藏著無限的可能。因為均線代表著過去一段期間內，所有投資人的平均持有成本，當股價收斂到一定的程度，所有的均線都會密合在一個糾結區內，主力會在這裡用「拉開均線」的方法，去洗出一些沒有信心的籌碼。所以，只要往下打壓股價，就有很多人會害怕。

　　但是，另一方面，只要是橫盤已久的個股，主力在拉抬時，所花費的力氣就會相對的比較小，通常這樣漲幅也會比較大。這就是「突破均線糾結區」的操作方法。主力只要用力把股價拉高，也就會把「均線」拉開，一旦拉開均線，那麼所有在均線附近買進的人都賺錢了，也就不會賣股票，那麼上檔的套牢賣壓、阻力就會較小，行情也將持續較久。

對於做多的投資人來說，突破均線糾結區的股票，不僅值得注意，甚至還可能因而逮到漲停板！現在我們就來隨機舉幾個例子，說明方天龍獨家均線設計：3*5*8的威力：

圖5-7 「精星」（8183）在3*5*8的買點之後，漲幅高達2.4倍，才見高點。

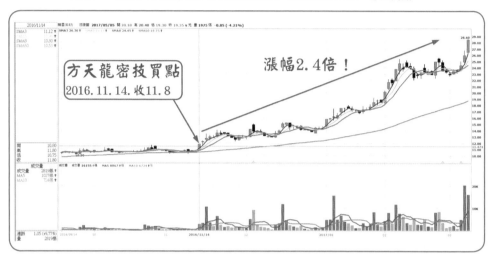

資料來源：XQ全球贏家

選股條件的策略啟發

　　說到方天龍3*5*8密技的威力，其實在 2015年10月16日我就已經決定讓粉絲（我的建檔讀者）分享了。2015年10月16日星期五，「昱晶」收盤20元（見圖5-8），我確認這是筆者密技的買點，我在當天起，至少寫了3篇關於「昱晶」的研究報告，來說明它的可靠性。那個時點並非最低點，因為2015年8月25日國安基金進場，那天收11.6元，才是最低點。我除了在部落格公布我的研究報告，還用「群發信」分享我的研究報告給「建檔讀者」（曾經寫信給我、建檔有案的讀者）。那封信是2015年10月17日星期六寫的。讀者若有存檔，都可以證明我的善意。為了解戰友們的戰績如何，我還請「有買的人請告知您的價位和張數」。沒想到10月19日星期一股市開盤後，真正「有買」的人真的很少。因為當天只收平盤而已。散戶一向都是追高殺低的，怎麼可能買這種收平盤價位的股票？讀者回報的買單稀稀落落，而且頂多只買一、兩張而已。

　　我當天特別失望，因為發現真正內行的讀者真的很少。但我仍然很熱誠地繼續在「群發信」告知：這是給大家進貨的好機會，因為這個＋字的K線，是「量縮價穩」的「中繼型態」，鼓勵買進。因為我認為股價還會繼續上漲！第二天，「昱晶」（3514）的最低價是20.2，收盤拉到漲停板⊕22元了！這時，讀者才紛紛來信表示讚賞及感謝，跟進的人也開始變多了！索取研究報告的人也多了！散戶的追高殺低心態，暴露無遺！請看圖5-9，這是我在2015年12月26日「方天龍教學講座」上課時，拿「昱晶」（3514）來作教材說明的截圖。有關訊息，可將方天龍的2015年10月21日群發信（回18位讀者的來信）拿出來溫習，就全明白了。在2015年12月26日「方天龍教學講座」之後，這檔我們曾經共同買過的股票仍繼續飆漲，直到36.15元才見高點！

圖5-8 「昱晶」（3514）的日線圖。行情」。

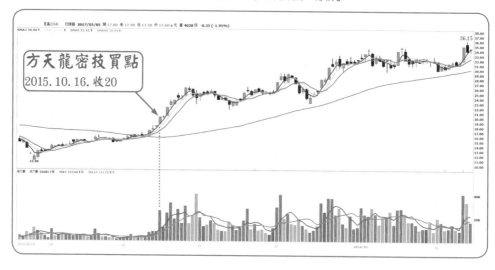

方天龍密技買點
2015. 10. 16. 收20

圖5-9 這是我在2015年12月26日「方天龍教學講座」時，拿「昱晶」（3514）來作教材說明的截圖。

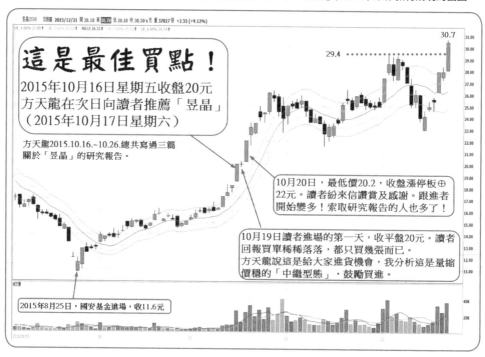

這是最佳買點！
2015年10月16日星期五收盤20元
方天龍在次日向讀者推薦「昱晶」
（2015年10月17日星期六）

方天龍2015.10.16.~10.26.總共寫過三篇
關於「昱晶」的研究報告。

10月20日，最低價20.2，收盤漲停板⊕
22元。讀者紛來信讚賞及感謝。跟進者
開始變多！索取研究報告的人也多了！

10月19日讀者進場的第一天，收平盤20元。讀者
回報買單稀稀落落，都只買幾張而已。
方天龍說這是給大家進貨機會，我分析這是量縮
價穩的「中繼型態」，鼓勵買進。

2015年8月25日，國安基金進場，收11.6元

資料來源：XQ全球贏家

在推薦「昱晶」（3514）的同時，我也一樣用我的3*5*8密技繼續選股，於是又發現另一檔潛力股，那就是「智邦」（2345）。這檔股票的後市之綿長久遠，真的出乎我的預料之外，從2015年11月5日我開始買進「智邦」（從成交單看，大約22元左右），一直沿著10週線上漲，直到72.9元才見高點！真是大多頭啊！

當時，我也憑著一腔熱忱，前後寫了4篇研究報告，發「群發信」給我的「建檔讀者」，推薦「智邦」（2345）。我在「群發信」中，甚至還附上我個人的買賣成交單，以現身說法，來證明我的選股方法有效！我收到的回饋就是粉絲們的「肯定」：「謝謝老師無私的分享！」有時，連我都覺得自己真的太熱心了，教人釣魚，還給魚吃！就好像主廚不僅送上佳餚，還附贈食材作料的烹飪秘方（研究報告）！

我在2015年12月26日「方天龍教學講座」上課時，也拿「智邦」（2345）來作教材說明我是如何選股的。當然，這是繼「昱晶」之後我的新選股，大家都信心大增了，沒有人不因而賺錢！於是奠定了我從第5次講座能辦到第11次的基礎。「當你強的時候，才有人聽你講啊」！如果我的方法無效，就不會有人繼續聽課了。

這兩件舊事在我的部落格仍有證據留存，3篇「昱晶」、4篇「智邦」的研究報告都還在。但後來為什麼不寫了呢？甚至連部落格都停寫了呢？因為有一位時相來往的資深業內人士給了我忠告：不要在公開場所（他指的是臉書和部落格）談個股或推薦個股。我思考了幾天之後，接受了他的諍言，確認他是善意的，因為畢竟如此的精準選股，有些年收入3,000萬的投顧老師都很嫉妒，認為我免費給人明牌，以後他們如何年收10萬的顧問費？說不定我以後會有很多麻煩。於是，我就從善如流了，不再提供研究報告。現今想想，他的話真的很對。密技的廣為流傳，將有違我「讓少數的有緣讀者，成為少數的贏家（八二定律）」的初衷！

圖5-10 「智邦」（2345）的週線圖。

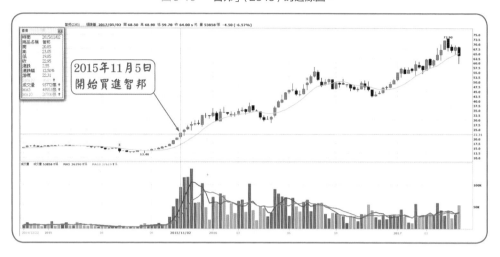

圖5-11 這是筆者在2015年12月26日「方天龍教學講座」時，拿「智邦」（2345）來作教材説明的截圖。

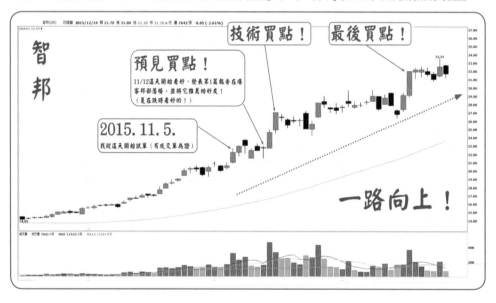

⊕ 均線搭配指標，怎麼做才好？

「方天龍的密技買點」當然不是這麼簡單的以「均線3多排列」或「均線4多排列」即可，事實上，要有十足把握上漲，當然還有各種因素或指標搭配。首先，除了「價」的關係之外，「成交量」也要跟上才行。

請看圖5-12，2017年3月6日的「統新」（6426）就是最佳買點。當天的成交量為2,068張，為MA5的2.6倍。一般我的選股最早要在1.5倍以上，是起碼的條件。

再看圖5-13，2017年4月24日的「淳安」（6283）也是一個很好的買點。雖然站在2017年5月5日回溯它的股價變化，這檔飆股一年的漲幅是554.98%，半年的漲幅是240.48%，一季的漲幅是71.62%，一月的漲幅是36.27%，一週的漲幅是16.94%，如果只以如此的績效來看，很多人都會說「漲多了，怕怕！」那麼，什麼時候可以重新介入呢？這裡提示一個買點，就是2017年4月24日。這一天的RSI和KD都是黃金交叉，而3*5 *8均線則也已經「3多排列」了。

圖5-12 「統新」（6426）的成交量搭配3*5 *8均線多頭排列。

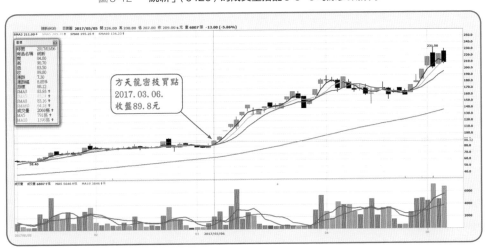

方天龍密技買點
2017.03.06.
收盤89.8元

資料來源：XQ全球贏家

圖5-13 「淳安」（6283）的RSI和KD搭配3*5 *8均線多頭排列。

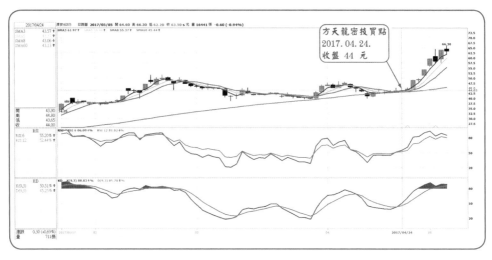

資料來源：XQ全球贏家

　　圖5-14，「聯一光」（3441）搭配DMI來觀察，可以發現，2017年4月
5日也是一個好買點。因為這一天已經「4多排列」了。3日、5日、8日、60
日等四條均線的關係為：20.15>19.85>19.83>19.25，那就是非常可靠的短
中期配合，再加上DMI的認證和搭配，成功率就更高了。DMI指標有兩條
方向線（＋DI、－DI），和一條趨向平均線（ADX），可以用來判斷多空。
＋DI代表多頭，－DI代表空頭，ADX則是「牆頭草，兩邊倒」，多頭戰勝
空頭時，＋DI會自下而上突破自上而下的－DI，ADX則轉折向上，反之則
是空頭。在本圖中，DMI是用14天為參數。我們從肉眼就可以看到+DI14
早就交叉－DI14而上，並且一直都沒有再下來過。這表示此一檔股票非常
強勢。事實上，我們站在2017年5月5日回溯它的股價變化，這檔飆股一年
的漲幅是261.99%，半年的漲幅是188.81%，一季的漲幅是103.05%，一
月的漲幅是85.64%，一週的漲幅是-14.89%。我們再看它的ADX14值為
60.39，代表多頭已經戰勝空頭了，才會在2017年4月5日這天它的「牆頭
草」開始向多方倒去。

接著看圖5-15，「凱美」（5317）在2017年4月13日是很好的買點，即使買到漲停板價17.25元，也能獲利滿滿。在7天後，它的股價已經來到29.45元的高點，漲幅1.7倍，飆勁十足！雖然，這天漲停板是一字型，未必買得到。但是，從成交量、收集派發指標、買賣家數、寶塔線等4項指標來看，都合乎方天龍的密技買點。怎麼說呢？2017年4月13日雖然成交量偏小，只有104張，但已是MA5的1.68倍了；收集派發指標已由綠柱轉為紅柱；買進家數7家券商少於賣出家數8家，這表示多方勝出；寶塔線連三紅之後，又見大紅K。這些指標都是多方格局。加上它的3*5*8均線也形成3多排列。那就是沒什麼好猶豫的買點了，尤其在長期的「潛伏底」之後突破而出，更是值得一搏。

圖5-14 「聯一光」（3411）的DMI搭配3*5*8均線多頭排列。

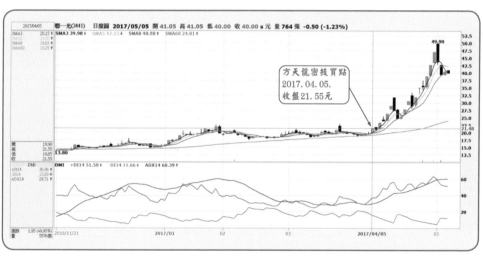

資料來源：XQ全球贏家

圖5-15 「凱美」（5317）的4項指標搭配3*5 *8均線多頭排列。

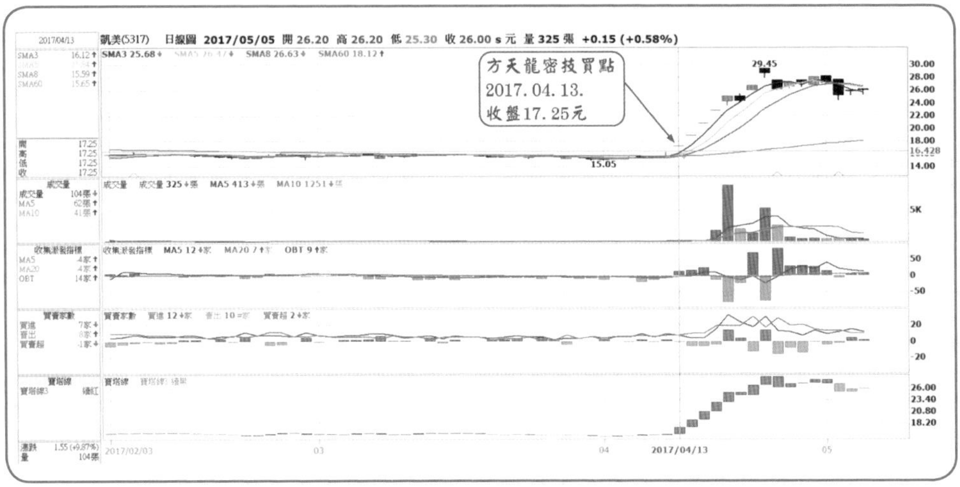

資料來源：XQ全球贏家

現在我們來看圖5-16，「立碁」（8111）在2017年3月22日也是一個絕佳的方天龍密技買點，因為這一天不僅是3*5*8均線的「4多排列」（SMA3> SMA5> SMA8> SMA60），也是「一目均衡表」的最佳買點。

「一目均衡表」是從時空的平衡點，去尋找股價「支撐和壓力」的位置，用以發現股市進場的最有利時機。由於很受推崇，後來就成為日本最普及的買賣圖表工具，不只被拿來應用在股市，甚至在債券、外匯市場也廣泛為投資人所採用。它實際上分為兩個部分：第一部分是透過圖表本身，解讀股票市場的訊號；第二部分，是利用計算系統，預測市場的方向和位置。後面這一部分，可以說比周期理論、江恩理論和波浪理論的核心部分，更簡化，也更容易懂。在我所使用的「全球XQ贏家」軟體中，它的名稱叫做「日平均圖」。

我們看圖5-16，在「立碁」（8111）的「日平均圖」中，總共有5個數據：轉換線、樞紐線、後行時間、先行時間（1）、先行時間（2）。圖表把這些每天的數據，都連成線，於是便有了5條線。我們把數據的短天期設為9，中天期設為26，長天期設為52。因此，轉換線也就稱為「短軸快線」，樞紐線，也稱為「中軸慢線」（或稱基礎線）；後行時間，也稱為「遲行線」或「後移指標」；先行時間（1）也稱為「先行帶A」或「前移指標A」、先行時間（2）也稱為「先行帶B」或「前移指標B」。

「轉換線」的來源，是9日內最高價和最低價加起來除以2，所以，就成了9日的多空均衡線，這即是「均衡」兩字的意涵。同理，樞紐線也是26日內最高價和最低價加起來除以2，所以，就成了26日的多空均衡線。至於「後行時間」，則是每日收盤價的連線加上扣抵值的概念去畫出來的。先行時間（1）是由轉換線和樞紐線的平均值算出來的。先行時間（2）則是來自52日的最高價和最低價求得的平均值。

圖5-16中，就是由先行時間（1）與先行時間（2）所夾成的一個空間，通稱為「雲帶」，在這個如「雲」一般的「帶」狀區域中，它就含有「多空均衡」的意思。短天期先行時間（1）與長天期先行時間（2）形成黃金交叉以後，雲帶就呈現上漲的格局，就稱為「上升雲帶」；相反的，短天期先行時間（1）與長天期先行時間（2）形成死亡交叉以後，雲帶就呈現下跌的走勢，就稱為「下降雲帶」。我們從2017年3月22日的「日平均圖」可知「立碁」（8111）已經以一根漲停板突破「雲帶」而出，於是引發了大波段的大行情。

圖5-16 「立碁」（8111）的「日平均圖」指標搭配3*5 *8均線多頭排列。

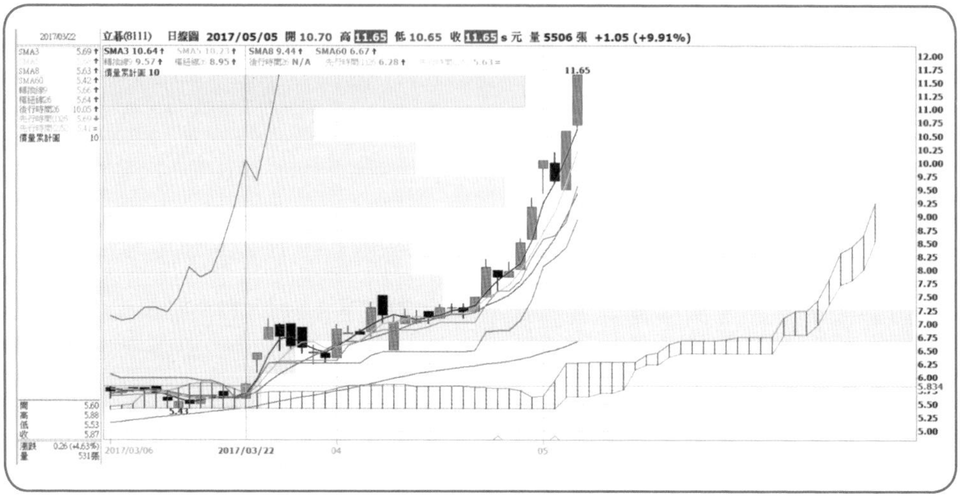

資料來源：XQ全球贏家

　　至於「布林通道」與3*5*8均線多頭排列搭配，也很match。在拙著
《100張圖輕鬆變成權證贏家》（方天龍著／財經傳訊出版）一書第180頁，
筆者寫到我的短線3*5*8均線秘笈並非從「布林通道」導出來的，竟然和它
同樣神準，真是意外！我在書中以「遠翔科」（3291）和圖82-2的「浩鑫」
（2405）為例吧！前者用我的方法，結果是同一天選到此股；「浩鑫」用我的
方法，則是比布林通道早一天選到。讀者可以自行驗證一下這個任何看盤軟
體都有的免費資源。圖5-17，則是筆者在寫本書時臨時找了一個新例來試試
看，「卓越」果然是同一天選到買點。

圖5-17　3*5*8均線組合和布林通道，都在2017年4月7日同一天選到買點。

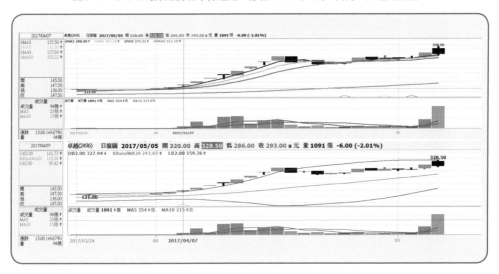

資料來源：XQ全球贏家

飆股發動前的徵兆研究

選股的方法相當多，每個人都應該自行研究。能夠發現自己獨家的選股條件，是非常有樂趣的事。在此有幾點建議，提供參考：

❶ 看懂方天龍的選股方法之後，就要避免養成依賴的習慣，一定設法自己練習，尋找屬於自己的獲利模式。然後，再來和方天龍對答案（可以寫信給我，來信必覆）。

❷ 不要不作研究，只想求得結果。要為自己寫研究報告，寫研究報告就是有強化自己信心的功能。

❸ 在研究選股條件之前，最好能掌握「飆股發動前的徵兆」。

飆股發動前有什麼徵兆呢？

飆股特徵之一：斜率向上

見圖5-18，「聯詠」就是一檔斜率向上的股票，請看圖中虛線的部位，一底比一底高，自然斜率就會向上。

圖5-18 「**聯詠**」（3034）的日線圖。

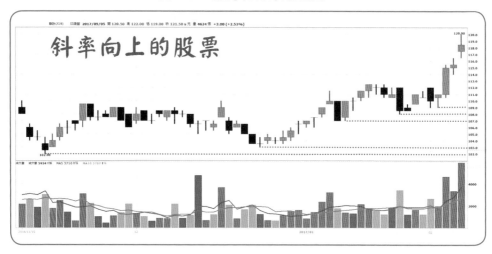

資料來源：XQ全球贏家

飆股特徵之二：多頭排列

依照SMA5> SMA10> SMA20> SMA60的方式作出均線排列，就是勝算很大的股票，尤其「左低右高」，可說毫無壓力阻擋了！看圖5-19，「立積」（4968）就是一個範例。

圖5-19 「立積」（4968）的日線圖。

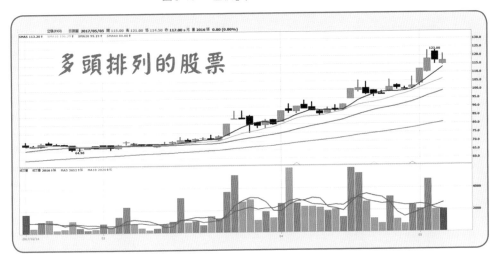

資料來源：XQ全球贏家

飆股特徵之三：股價站上月線

　　站上月線的股票，在多空分界線上就占了優勢，所以一檔能夠成為飆股的股票，必然要站上月線。例如圖5-20的「歐格」（3002）站上月線之後，終於拉出一根漂亮的長紅！

圖5-20　「歐格」（3002）的日線圖。

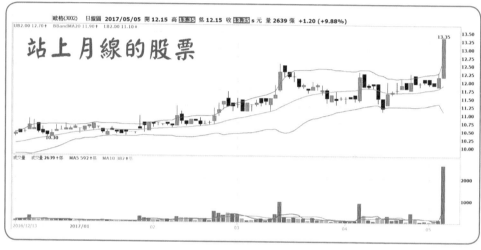

資料來源：XQ全球贏家

飆股特徵之四：週、日KD同時向上

　　週、日KD同時向上，又叫做「雙KD向上」。有些股票專業軟體，可以透過「程式交易」，很快找出「雙KD向上」的股票，我們如果不懂「程式交易」，也一樣可以使用肉眼判斷。方法就是先找出週線再找日線的KD黃金交叉，就行了。例如圖5-21，我們先找出「弘塑」（3131）的週線KD黃金交叉，然後再搭配同一週的日線KD黃金交叉（圖5-22），這一天就是「雙KD向上」。我們的選股條件，要設定使用週線資料來計算KD指標，挑選K值由下往上穿越D值的股票，同時篩選近5日平均日成交量超過1,000張的股票，以確保選擇的股票有一定的流通性。當K值由下往上穿越D值時，如果是價量俱揚，就是很理想的買點。

圖5-21 從「弘塑」(3131)的週線圖,可找出KD黃金交叉。

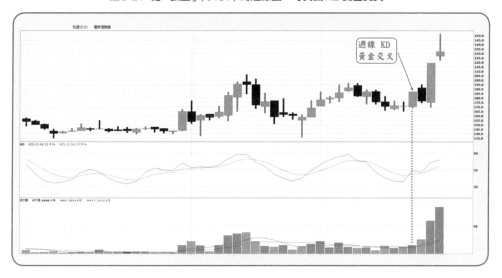

圖5-22 從「弘塑」(3131)的日線圖,也可找出KD黃金交叉。

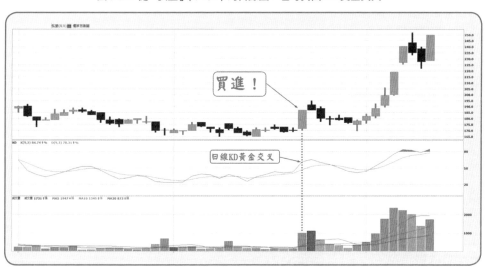

資料來源:XQ全球贏家

飆股特徵之五：RSI、KD持續鈍化

RSI和KD一直衝上80以上的數值，就代表「持續鈍化」。凡是持續鈍化的股票，就代表非常強勢。例如圖5-23，「玉晶光」（3406）就是一檔持續鈍化的股票，它的飆漲情況已達到被稱為「妖股」的境地了。

圖5-23 「玉晶光」（3406）是一檔持續鈍化的股票。

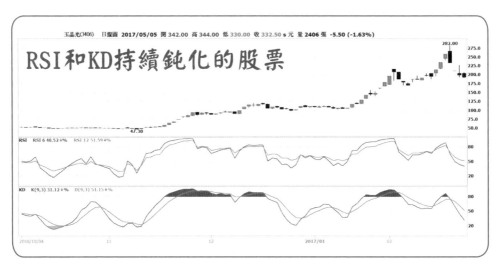

資料來源：XQ全球贏家

166

飆股特徵之六：威廉三線重疊歸零

「威廉指標」的學問很大，為學習者節省時間，筆者把它的買進訊號，用一句話就講完了，那就是14天、28天、42天的參數，全部是0的數值。這就是飆股的特徵之一。但是，光是憑這個「三線重疊歸零」的威廉指標訊號，仍不一定保險，因為它可能明天就變動了。所以，基本上，仍然必須和其他的指標同時加以觀察。見圖5-24，「立碁」（8111）威廉三線重疊歸零的訊號，在本圖中出現3次，分別在❶、❷、❸的位置出現。❶和❷之間，隔了一天。威廉三線，如果「重疊歸零」的現象很頻繁，代表已經噴出了。

圖5-24 「立碁」（8111）威廉三線重疊歸零的訊號，在本圖中出現3次，分別在❶❷❸的位置出現。

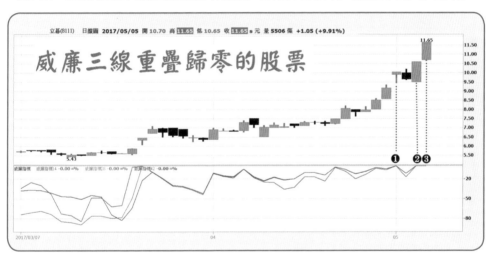

資料來源：XQ全球贏家

飆股特徵之七：成交量大於MA5至少3倍

價，有如是火車的軌道；量，好比是火車頭裡燒的煤。要讓火車在軌道上行駛，必須燒煤；要「價」往預期中的軌道走，就必須用「量」（資金或股票）去推動！所以，量能要越大越好，但也不能太大。量能太大，如果價格還留上影線，那表示空方的力道極大，股價會往下飆，而不利上漲。要成為往上飆的股票，首先就得「價量齊揚」。在量能上，至少要在5日均量（簡稱5均）的3倍以上。見圖5-25，「宇峻」（3546）在2017年5月2日這天，就是買進時機，因為這一天就是「價量齊揚」——價格是漲停板，量能則為5日均量的4.14倍，合乎我說的「成交量大於MA5至少三倍」，但又不會太大（次日還有更大量）。

圖5-25　「宇峻」（3546）在2017年5月2日這天「價量齊揚」，為不錯的買點。

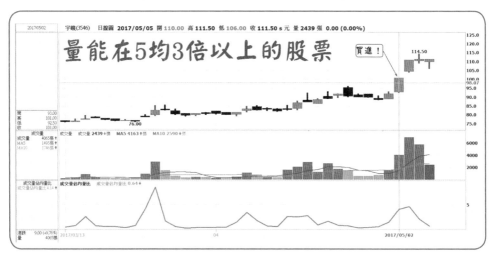

資料來源：XQ全球贏家

至於飆股特徵之八：企業轉虧為盈＋有人炒作；飆股特徵之九：公司體質不錯＋長期受低估；飆股特徵之十：產業景氣轉好＋大戶資金流入。此類的說法，就屬於基本面了，需要多方考究，並且也需要一點「內部消息」，才算是「領先指標」。散戶的資訊難免落後，就不擬多提。法人和主力對這一方面比較擁有「資訊領先」的可能。我們只有從法人和主力的背後去觀察籌碼是否集中，才能達到「螳螂捕蟬，黃雀在後」的功效！

第六章

股票、權證、個股期，三響炮！

⊙ 股市操盤要有危機意識

「一輛車子有幾個輪胎？」

「四個。」

「答錯了！應該是五個──另外一個是備胎！」

一個人如果沒有危機意識，那就是他最大的危機！那麼，動物呢？

一隻野狼臥在草上勤奮地磨牙，狐狸看到了，就對它說：「天氣這麼好，大家在休息娛樂，你也加入我們隊伍中吧！」

野狼沒有說話，繼續磨牙，把它的牙齒磨得又尖又利。

狐狸奇怪地問道：「森林這麼靜，獵人和獵狗已經回家了，老虎也不在附近徘徊，又沒有任何危險，你何必那麼用勁磨牙呢？」

野狼停下來回答說：「我磨牙並不是為了娛樂，你想想，如果有一天我被獵人或老虎追殺，到那時，我想磨牙也來不及了。所以，平時我就把牙磨好，到那時就可以保護自己了。」

洪水未到先築堤，豺狼未來先磨刀。做事應該未雨綢繆、居安思危，這樣在危險突然降臨時，才不至於手忙腳亂。人處在危險的環境，也許還有一點警覺心；處在安逸的環境，常常不自覺地落入生涯的危機。當一個人目前有一份安定工作的人，如果沒有備胎，一旦景氣不佳，公司仍有倒閉、裁員

的可能。對於一個有正職的人來說，股票的操作固然是大可不必拒絕於千里之外，甚至金融衍生性商品最夯的「認購權證」和「認售權證」，以及「個股期」卻也不妨視為另外兩個備胎；有了這兩個備胎，加起來就是「狡兔三窟」，可保安全無虞。

著名行為心理學家馬思洛（Abraham Maslow）也說：「如果你只有一把鎚子，就常會把所有的問題看成釘子。」這都是因為我們在處理問題時都有自己的工具箱，如果你只有一把鎚子的話，即使還有別的工具可能更適合，你第一個反應仍然會是鎚下去（最小阻力原理養成的習慣）。反過來說，如果你手上有很多不同的工具，便可以找出最適當的來使用。股票、權證、個股期，三響炮！有足夠的工具並練好這些絕活，也許哪一天竟然也會是你的股市急流中的「諾亞方舟」呢！

⊕ 從卜松波來邀我一起玩「個股期」說起……

《泰勞靠權證8萬變千萬》一書的男主角卜松波是個泰國人，他因在台灣投資權證發跡而成為名人。筆者有幸與這位權證達人一起上「程式交易」的課程而結識為好友，私下也常常 LINE 來 LINE 去。有一天，他意外地在我的臉書 PO 文底下留言，邀我來玩「個股期」。我一時有點錯愕，怎麼「權證達人」不致力本業，卻轉換跑道，想要謀取「業外收入」？ O(∩_∩)O~ 莫非變節了？後來，他還附上一張投資「個股期」的優異成績單給我，果然厲害的人做什麼投資都厲害！

不過，我總覺得有點不對勁。後來，特別去看了看他的臉書。

卜松波在2016年7月28日的「臉書」上公開 PO 文說：「朋友問：現在權證可以玩嗎？我的答案是……不玩不會損失喔！」

卜松波這句含蓄的話，引爆了不少「權友」積累已久的「民怨」，紛紛在PO文底下留言表達對「權證」的看法：

「會被坑！」

「真的很難玩，被坑了。」

「跪請 介紹 1家有良心的發行券商？」（卜松波回覆：「他們的良心都死了！」）

「券商造市品質差，常遇到現股無波動、權證跌好幾趴的狀況，不去改善，但機關卻營造可以往權證市場發財的夢想，這會不會太樂觀了！」

「很久不玩權證了！」

「好一陣子沒玩權證了～找不到好券商，還以為是我個人問題！」

「那是一場不公平的賭局，寧願拿到股票期貨玩！」

「權證市場看就是不公平的市場，不過這幾年來廣告一大堆，說什麼損失有限，只是為了給券商賺錢，良心何在。卜大今天這句話希望可以讓很多人不要再被騙了。」

「卜神說話了！主管機關要反省一下！」

「現在操作權證還不如操作選擇權吧！一樣時間價值流逝，至少選擇權公平透明一些。」

「最近是感覺賺的都會被偷一點回去。」

「卜大，我就欣賞你這點，以粉絲利益為出發點。」

「開車聽到警廣的廣告廣播還聽到資金少的可以以小搏大，看來應該碰不得了。」

「經過我這二年左右的研究與交易，確實存在很多不公平，例如認售隱波高，槓桿低，只要到價內或快到期的券商買賣價差就拉大，真的很堅，但如

問我權證能不能買，我覺得還是可以小買，特別是很看好的時候，控管好資金比例去買。」

「永豐、國票目前還不錯。」

「統一在9:02分後就正常造市了！不用等到開盤後五分鐘。」

「奇怪布林軌道日線很漂亮，可是買了隔天還是照樣跌，最近輸得很慘，救命啊！」

「有人專門在做布林軌道隔日沖的，不要再這樣看，容易被騙，之前權證小哥有說。」

「權證沒有以前動輒100%獲利，操作難度提高很多，看準了就要對自己有信心，慢慢累積獲利%數，目前放在權證的資金也沒有以前多，資金控管很重要。」

「還不如做 買方選擇權。」

「權證我輸得都沒信心了！看好漲，買了隔天就跌！放了兩、三天，跌更慘！像今天~同致，早盤看好跟著買，尾盤跌成這樣！」

總之，大部分的留言都說響應了卜松波對權證的感受。紛紛說「不玩不會賠＋1」

「當股價站上布林通道高軌第一天，就是買點」這一招，在從前是屢試不爽的。據說卜松波把這個簡單操作法教給他13歲的大女兒，5天後給她15萬元讓她自己做，竟然能夠在1個半月獲利 50% ！不過，由於熱門名人把密技隨著他的賺錢傳奇宣傳出去之後，連主力都利用了「反向操作」的手法來制衡，因而反倒形成了「騙線」！權證的莊家也常會趁勢打壓權證價格，讓投資人不再那麼好賺。

至於官方怎麼說呢？臺灣證券交易所官網有一個自問自答的題目：「權證發行人和投資人對作，坑殺投資人？」

答案是理所當然的，充滿了本位主義：「權證係衍生性商品，其價格與標的股票價格有連動性，當標的股票價格波動時，發行人即依模型公式計算出權證理論價格後報價，即權證報價跟隨標的股票價格波動而波動，並非由發行人單方認定價格，故發行人並無與投資人對作。」這個答案，道地是「官方說法」，完全不是真知灼見。只有像「權證小哥」和筆者這樣身處第一線的現役選手，才能內行地知悉真相。

這裡舉例說明現今主力的「變化球」。請特別注意，類似的案例極多，因為即使是大學財經教授也未必懂得這些細節。我則是在很多年前就已經發現，並且在「方天龍封閉式講座」中提醒過我的「建檔讀者」。沒想到「權證小哥」也不約而同地發現這種現象，並且告訴過他的粉絲！請看圖6-1，圖中的❶，顯示股價站上布林通道，立刻出現變盤的十字線。圖中的❷，是即將向上攻擊的線型，然而次日——也就是❸的位置，這一天股價是開高的，結果站上布林通道高軌就下來，因為主力反向操作，刻意在此賣出！其後，呈現的是一大段跌幅！再看圖6-2，我們以「岳豐」（6220）為例，每當股價站上布林通道高軌以後，都容易下跌。這都是由於主力反向操作、刻意在此賣出的結果。習慣在布林通道高軌買進的人，就容易中槍了！

圖6-1 以「尖點」（8021）為例，每當股價站上布林通道高軌以後，都容易下跌。

資料來源：XQ全球贏家

圖6-2 以「尖點」（8021）為例，每當股價站上布林通道高軌以後，都容易下跌。

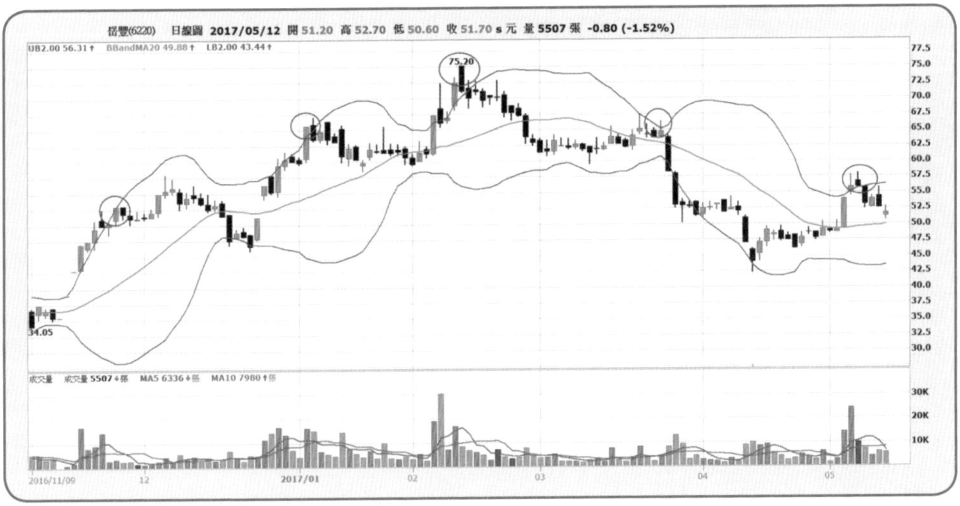

資料來源：XQ全球贏家

3種不同投資工具的特性

其實，從前述權證投資人的留言看來，並非所有的權證客戶完全是悲觀面對問題的，也有人仍在努力地從不好的權證環境中求生存。筆者凡事都喜歡以「改變自己，遠比改變別人（官方管理券商的態度）容易」加以思考。面對「變動」，如何察覺與應對，每個人均有不同的反應：有的人不知不覺；有的人後知後覺；有的人則是先知先覺。「變動」可能會使事情有好的轉機，也有可能是危機，但是要如何化危機為轉機？端看對「變動」處理的能力與態度。卜松波是個成功人物，他用現身說法表明「轉換跑道，改玩個股期」也是一條好路。

然而，筆者認為，權證好不容易從1997年的成交低迷「進化」到今天，已經有這麼多人在玩了，完全放棄有點可惜。倒是建議可以把股票、權證、個股期等3種投資工具交相運用，操作將會更形靈活。因為「個股期貨」（簡稱「個股期」）雖然交易稅超低的（僅10萬分之4），也方便做多、做空（股

票有時沒有融資融券），但部分個股卻沒有較大的成交量，出貨時往往會比預期賣出的價格為低。我問過卜松波，他也主要是玩「小立光」（一口相當於「大立光」的100股，原始準備金只需要原本股票期貨的20分之1）等成交量較大的幾檔而已，仍未普及。

其次，權證也有現股所沒有的優點，例如股價漲1元時，權證價格就該漲1×Delta元。當股票價格漲幅越來越大時，Delta也就越來越大；當股價越低時，Delta就越來越小。所以，當股票越漲越多時，權證就會越賺越多；當股票價格變低時，權證也會越跌越少。換句話說，就是：賺錢自動加碼，賠錢自動減碼。這對於老是把「隔日沖」奉若指導原則的權證投資人，是體會不出來的；只有曾經玩過波段權證賺過大錢的人，比較會有同感。

總之，這就歸結到本章前言所說的，如果你手上有很多不同的工具，便可以找出最適當的來使用。股票、權證、個股期，三響炮！有足夠的工具並練好這些絕活，一樣能在市場上存活。畢竟並非所有的券商莊家都是惡人，也並非沒有可變通的辦法！

現在，我們就來比較一下這3種投資工具的異同：

表6-1 股票、權證、個股期三者的比較。

項目	股票	融資	個股期貨	權證
槓桿倍數	1倍	2.5倍左右	8-12倍	8-15倍
流通性	高	高	中	中高
投資金額	高	中	低	低
最大損失	本錢	投資成本＋追繳保證金	投資成本＋追繳保證金	權利金
追繳的壓力	無	有	有	無
投資期間	無限	一年	每月更新	半年~2年
交易稅	千分之3	千分之3	10萬分之4	千分之1
獲利率	10%	10%	10%	遠超過10%

資料來源：作者整理

從表6-1來看，除了現股之外，融資、個股期貨、權證，都是可以「以小搏大」的投資工具。在這些投資工具之中，也以權證（含認購權證和認售權證）的槓桿倍數是最大的。然而，這些有槓桿作用的金融商品，卻不能不注重風險管理。因為槓桿的倍數獲利速度固然放大了，而人性的貪婪、恐懼與軟弱也會跟著倍數放大。不能只想「賺」，而不顧慮到「虧」！天下沒有白吃的午餐，當一種零合遊戲的關係形成時，往往你要莊家的「利」，莊家可能就要你的「本」，這其實是很無奈與必然的。

關於「權證」的風險管理問題，筆者在《100張圖輕鬆變成權證贏家》（財經傳訊出版／方天龍著）一書，就已有相當深刻的剖析。該書因為是比較新近出版的書，作者自然有「後來居上」的深度思考，對於新手的警惕顯然和以往的權證書籍有所不同。該書也就問題核心直接指出，權證最大的問題就是：權證發行商會利用股票「大漲」時，拉大「買賣價差比」，讓你沒辦法買到低價的權證；而當你追買高價的權證，而股票又已經不再繼續上漲時，莊家會利用股價滑下來時，「調降隱波率」趁勢用力打壓權證價格，直到讓你被深深套住為止。也就是說，當股票止漲之後，如果你的權證沒迅速賣出，就會發現完全不是那麼回事了！股票盤跌時，權證會跌得更快！曾經眼見某股票才跌1%左右，權證已跌到15%去了，即使只買幾張，也會有驚人的損失！很多投資人捨不得停損，往往在猶豫不決中，讓權證繼續跌到20、25%才忍痛賣出！到時，已經傷痕累累，足以讓你刻骨銘心！

筆者為了寫書，特地在2017年5月10日這天大盤反彈之時，觀察個股與權證是否跟著反彈。我們就隨機以「岳豐」（6220）為例。請看圖6-3，大盤在2017年5月10日已見反彈曙光。從圖6-4的加權指數盤中的走勢，即可看出來。同一個時段的「岳豐」（6220），也依循大盤的方向一路反彈向上（見圖6-5），但是隨機選了兩檔「岳豐」（6220）的認購權證表現，果如權證投資人所說，權證發行商（俗稱「莊家」）太不給力了！當早盤「岳豐」（6220）股票也隨大盤上漲，來到2.07%漲幅（見圖6-5）的時候，它的認購

權證「岳豐永豐6A購02」（728555）卻呈現的是「漲跌幅為－8.20%」（見圖6-6），和股票有10.27%的差距。它的另一檔認購權證「岳豐永豐6A購01」（728505）也一樣不漲反跌，漲跌幅為－2.86%」（見圖6-7），和股票有4.93%的差距。

圖6-3　大盤在 2017 年 5 月 10 日已見反彈曙光。

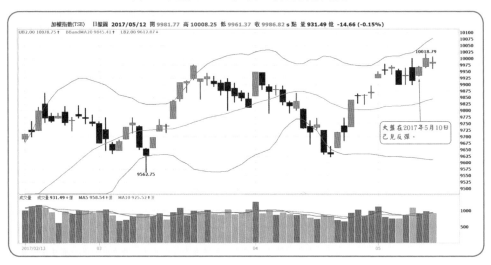

圖6-4　大盤在 2017 年 5 月 10 日的加權指數，在早盤時一路向上。

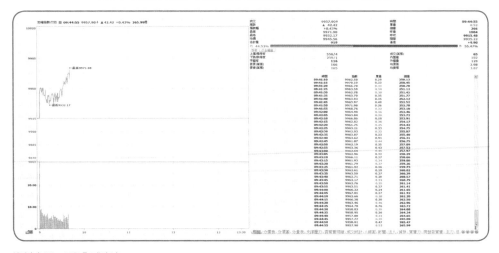

資料來源：XQ 全球贏家

圖6-5 2017年5月10日，「岳豐」（6220）依循大盤的方向，也一路反彈向上。

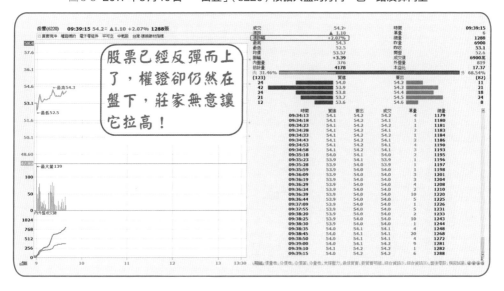

圖6-6 2017年5月10日，「岳豐」（6220）的認購權證「岳豐永豐6A購02」（728555）卻不漲反跌。

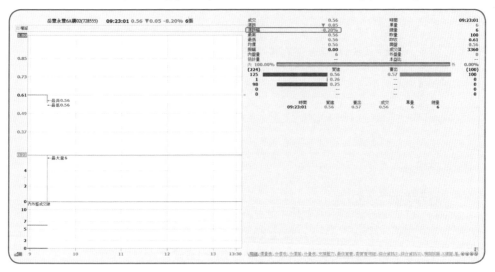

資料來源：XQ 全球贏家

圖6-7 2017年5月10日，「岳豐」（6220）另一檔認購權證「岳豐永豐購01」（728505）
卻不漲反跌。（筆者隨機抽樣檢視）

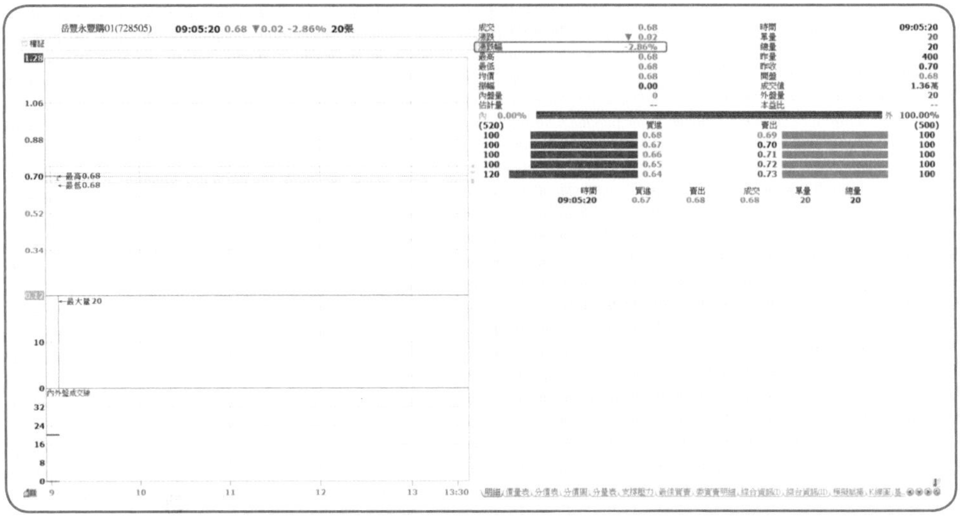

資料來源：XQ 全球贏家

股價與權證的連動關係

　　從以上的臨場隨機抽樣檢視，可見大多數投資人對權證不良的觀感是沒有冤枉券商的，權證發行商（莊家）在萬點行情之際，態度確實變得比較保守了，寧可打壓權證價格、讓權證投資人賠錢（他們相對的就賺錢了），也不願追買避險股票，從上漲的股票賺錢來和小權證散戶分享一點小利潤！

　　請看圖6-8，其實莊家是可以有兩種策略的。第一種是：當散戶買權證的時候，莊家就按散戶所買的權證比例去買股票來「避險」。避險的意思是說，當股價大漲時，莊家也就從所買的大量股票獲利了。那麼，同一時間，由於讓權證正常地上漲，認購權證價格就變高了，買低價權證的投資人就賺了，莊家當然是小賠了（有些散戶可能買到高價，反而會小賠）。那有什麼關係呢？莊家總結起來仍是賺錢的。這一種策略，皆大歡喜，權證投資人對莊家從此也會比較信任，不再轉換跑道，而會成為恆久的客戶。

莊家另外一種不可取的策略，就是與權證投資人為敵。利用申請發行權證時大量買進的壓箱股票，在股價漲到一定高度開始下滑時落井下石，連同避險股票一起大幅踐踏股價。同時，利用調降隱波率加速權證價格下挫或暫時不報價、跌夠了才勉強報價，甚至一波波地打壓權證價格，直到價格跌到所有人的成本價之下。更狠的是利用人頭戶以一、兩張不可思議的超低價，讓權證買賣成交！這種事，筆者在過去就做過極多的研究，並且逮過證據。有些可疑的人頭帳只用1~4張作犧牲打，莫名其妙的老是故意認賠，研究指出，它的目的就是讓認購權證成交在不可思議的低價區，套牢所有投資人。這一種策略非常惡毒，讓人從此敬而遠之，也不易再吸引客戶上門，應該是屬於「殺雞取卵」的作風！

圖6-8　**權證莊家的兩種策略。**

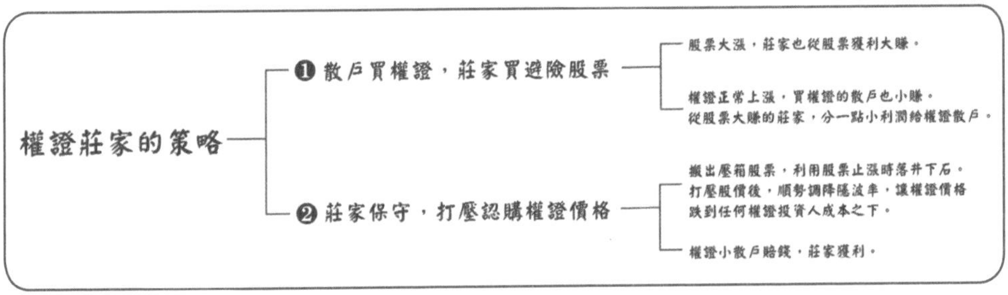

（圖片來源：作者自繪）

　　以上所述，是當年權證初登場時大賺的權證達人難以想像的事實。有感於此，為了安全起見，筆者特別擬出一個獨家的投資策略，就是：

　　「只有非漲不可的時候，才買認購權證；只有非跌不可的時候，才買認售權證！」

　　由於目前權證仍無法當沖，基於自保，我又創新了一個結論：

　　「至少預估會連漲兩天，才買認購權證；至少預估會連跌兩天，才買認售權證！」

「買高賣更高」在股票上或許有用，因為只要是真的強勢股，並不怕被短套；而權證就不一樣了，只要股價一止漲，馬上跌跌不休！美其名是「權證有時間價值流失的問題」，其實最怕的是被券商修理！所謂「時間價值衰減」會嚴重到比價差的損失更大嗎？大多數人買權證都不是長抱的。所以，「認購權證最大的敵人是時間」或「權證贏在時機，輸在時間。」這些論點都沒有錯，但只是初階的概念；「認購權證最大的敵人是止漲」才是進階的真相！當股價強的時候，莊家就沒有理由一直壓抑權證價格；當股價弱的時候，若不想被莊家欺負，最好是改買「認售權證」，否則就會自討沒趣！

　　當然，也有人接著又問筆者，那麼什麼時候是「非漲非跌不可」的時機呢？那自然是波動大的日子，例如營收、財報、法說會的日期，或除權息、股東會等等，或者季底作帳、年底作帳，乃至指數成分與權重調整、期指結算等等的日子，都是比較容易有大波動的時機，或者從技術面線型明顯轉強或轉弱；或者，籌碼面有三大法人同買同賣、主力進場的時刻………。這就牽扯到更多的know-how了！

✛ 股票，其實是最安全的金融商品

　　投資股市，同樣的操盤技術，本錢大的占優勢。這是長年在股市征戰者的經驗之談。但是，假設某一位投資人突然有了一筆大錢，如果資產管理、資金運用的能力沒有進步，其戰績亦將無法改善，甚至賠得更多！

　　以「融資」來說，理財專家認為是一種「借錢玩股票」的行為，因而非常反對。筆者的看法不同。依我的見解，「融資」是「配合款」，而非「借貸」。例如某一檔股票，由金融機構出6成，你出4成；他想穩賺利息，而你企圖以小搏大。互助雙贏，各顯神通。你負擔的是更大的風險，一旦成功當然獲利更大。這是很合理的。所以「融資買股票」並非如表面上看的「借錢

買股票」，而是一種「以小搏大」的投資方式，必要時它也可以用融券放空，把帳目當天軋掉，以減少未來股價變化或蒙受系統性的風險。

依我看，融資的期限很長，和買認購權證的風險誰高呢？我認為是認購權證高！

請看圖6-9的實例。這一檔股票叫「長天」（3431），如果你不幸在圖中的高點10.6買進股票和認購權證。結果，很不幸的，股價「止漲」，並且由高處墜落，形成了長上影線的K棒，接著股價就一直跌跌不休，長達3個月，直到6.15才落底，跌幅幾近4成，才展開V型反轉。總共經過5個月後，這一檔股票，又回到10.75元，超過了前高（10.6），那就解套了。可是，你的認購權證，可就沒那麼好過了，肯定是吃了「龜苓膏」（歸零，即金額都沒了），回生乏術。如果你使用的是現股，當然沒問題；即使使用融資，也還沒有必須歸還「配合款」的必要，只要「整戶維持率」夠，也不至於被「斷頭」。

而我們說過，權證固然可以以小搏大，但是，如果發現買錯了卻未能迅速認賠，也會蒙受巨大的損失！因為權證價格會越來越小，直到歸零為止，那就沒救了。見圖6-9，同樣追買在10.6高價的股票投資人，在10.75的高處就獲得解套；而買認購權證的人恐怕早已吃「龜苓膏」（歸零，即金額都沒了），救不了了。再看圖6-10，承續的是圖6-9的實例，買在10.6高價的股票投資人在本圖10.75的高點已經解套，其後也還有很多更高的點位可以賣出，包括❷11.75 ❸11.8 ❹11.05 ❺12.5等等，都是可以獲利下車的點位。

所以，股票其實是最安全的金融商品。很多從股票出去改做期權的人多半很容易賠光退出市場，就是因為股票沒學好、基礎不穩，就貿然轉戰其他商品，初心可能是想要一步登天（因為有更大的槓桿倍數，且必須負擔的金額可能較小），但是馬步不穩的新人，出手哪能虎虎生風呢？

圖6-9 同樣追買在10.6高價的股票投資人，在10.75的高處就獲得解套；而買認購權證的人恐怕
　　　早已吃「龜苓膏」（歸零，即金額都沒了），救不了了。

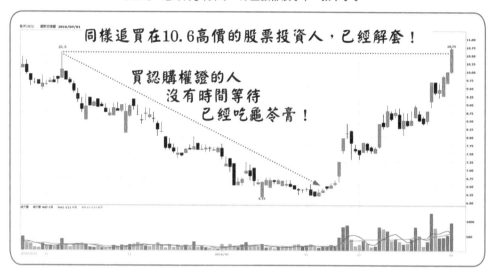

圖6-10 承續上圖，買在10.6高價的股票投資人在本圖中10.75的高點已經解套，
　　　 其後也還有很多更高的點位可以賣出。

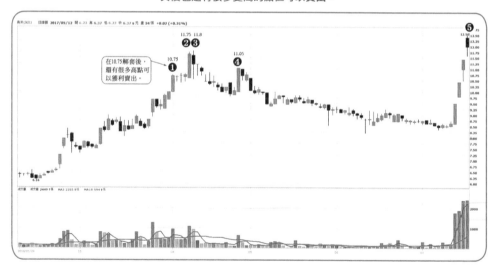

資料來源：XQ全球贏家

⊕ 萬點行情，如何利用權證和個股期避險？

2017年第一季，投資人老是因為「萬點行情」的困擾而不知怎麼辦？其實「多空都能賺」是真的，必要的條件就是你要能利用權證和個股期避險。

使用融資的好處，就是可以靈活操作。現今已有「現股當沖」的新制，並且還可以降稅，不過，若能配合融資、融券的鎖單，將更方便。

融資鎖單的方法很簡單，就是運用兩套資金操作：

一、見圖6-11，以「嘉澤」（3533）為例，如果你手上本來就有這檔股票，而你想要當沖，就可以先買進「現股」一筆，在140左右。結果股價攻到將近漲停板時，你怕股價鎖死，就先放空，成交在漲停板的下一檔145左右。這時可用融券放空。因為一般網路下單，機器看你現股買進又現股賣出，就會一次幫你軋平。這就和你的想法不同了。

二、如果你用融券放空，機器就會保留一下。接著，我們可以繼續等待尾盤再做決定動作。

三、假設你看好這檔股票明天還會續漲，就可在138.5附近回補融券（方法就是以融資買進），讓機器把145賣出、138.5買進的兩筆成交價，變成軋平的「資券相抵」。

四、那麼，你可以把現股買的140那一筆吃下來，等待次日再賣。而你手上的低價股票則完全不必動。

五、如此「鎖單」的方法，最大的好處就是低價的股票仍然可以繼續擁有。尤其一般散戶很容易因為愛做當沖，結果把股價墊高了，稍有不慎，在最後一筆常被套住。

六、現股當沖的特性是必須軋掉，如果我們能運用多筆資金，忽而融資，忽而融券，忽而現股，就能找出對我們最有利的方式操作。

七、使用融券放空,在本例中是由於漲停板,所以很好決定。萬一不進行高價「鎖單」,股價很可能會「抱上又抱下」,收盤萬一是136元,你豈不是會虧了?

八、股票常沒有融券,或融券已經被主力刻意吃光了。如果沒有融券,也可以運用認售權證或個股期放空來處理。這樣操作就很靈活了。

九、不過,根據經驗,權證發行商的認售權證漲幅非常有限,一般都不如認購權證反應那麼快速,不如利用個股期放空。

十、基本上,個股期是比較適合長線的。也就是說,預期有較大波段的行情時,較適合使用。因為它不像權證那樣,賠光了就算了,而是還會追繳保證金的。

圖6-11 以「嘉澤」(3533)為例,試用兩套資金鎖單避險。

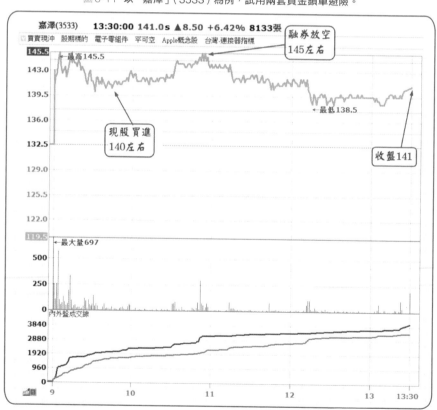

資料來源:XQ全球贏家

至於權證和個股期如何靈活運用多空操作？

一、利用領先指標——台指期貨的變化，進行低買高賣。

由於期貨是每1秒鐘都能撮合，而股票卻要15秒鐘才會撮合，所以台指期算是領先指標。有人就用1分鐘線或2分鐘線在看期貨。一般來說，台指期貨玩的人相當多，當它急拉而股票還沒變動時，就是低檔。而權證又慢了一步，通常是等股票先反映之後，才有反映。所以，理論上是當期貨開始急拉時，可以買認購權證；而當期貨開始急殺時，可以買認售權證。

二、當股票出現大單買進或賣出時，表示股價要動了。

不論做股票、權證、個股期，都必須注意多空的方向，哪一方的大戶力道較強？因為有時開盤有大單連續買進，可是後來被空方看出對手很虛（例如老是抽掉最佳五筆買單或大單價位往後方移動，這表示怯戰），而開始祭出連續大單，最後變成多方招架不住了。這種情況也是常常有的。所以，一定要能慎思明辨。

三、準備買賣權證時，進場時機是標的股票出現第一筆相對的大買單（依股本和股價來判斷是否可以算「大單」）；當連續大買單停止成交，表示買單轉弱了，成交單從「外盤成交」變「內盤成交」（紅變綠），這時就是買認售權證的時候。

四、當股價有可能由於利多或利空非常明確，有可能出現大漲或大跌，偏偏又不曉得屬於哪一邊時，可以進行「跨式」（Straddle）或「勒式」（Strangle）的策略。這兩者都是用來作多空雙押的。前者是同時買進「價平」的認購權證和認售權證；後者則是同時買進「價外」的認購權證和認售權證。我們現在不打算說得那麼複雜，簡單地說，就是認購權證和認售權證兩種都買。有一個最簡單的方法就是依股價變化採取行動。

舉例來說，請看圖6-12，這是「環球晶」（6488）股票在2017年5月10日的「分時走勢圖」。這是第一天，我們要在盤中先區分「環球晶」股票的「低檔區」和「高檔區」。由於看好這一檔股票的成分較高，所以原則上，「低檔區」應該在前半場，「高檔區」則在出量的盤中。

　　接著，我們就來看圖6-13，這是「環球晶」（6488）股票在2017年5月10日的A認購權證的「分時走勢圖」。我們要在股票的「低檔區」，先買這檔認購權證，結果買到9.25元。同一天，再看圖6-14，這是「環球晶」（6488）股票在2017年5月10日的B認售權證的「分時走勢圖」。我們要在股票的「高檔區」，買進這檔認售權證，結果買到0.62元。

　　然後，到了第二天，請看圖6-15，這是「環球晶」（6488）股票在2017年5月11日的「分時走勢圖」。我們仍然要在盤中先區分「環球晶」股票的「低檔區」和「高檔區」。我們再看圖6-16，這是「環球晶」（6488）股票在2017年5月10日的B認售權證的「分時走勢圖」。我們要在股票的「低檔區」，先賣掉這檔認售權證，結果買到0.64元。同一天，再看圖6-17，這是「環球晶」（6488）股票在2017年5月10日的A認購權證的「分時走勢圖」。我們要在股票的「高檔區」，賣掉這檔認購權證，結果賣在10元左右。

　　總結起來，就是第一天，在股價低檔區，買認購權證9.25元；在股價高檔區，買認售權證0.62元。第二天，在股價高檔區，賣認購權證10元；在股價低檔區，賣認售權證0.64元。

圖6-12 「環球晶」（6488）股票在2017年5月10日的「分時走勢圖」。

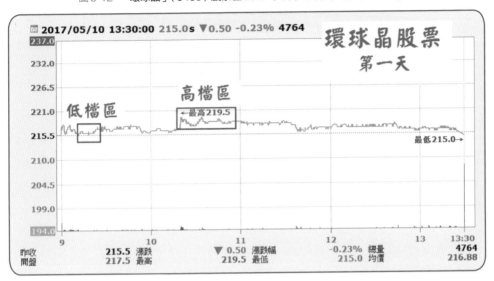

圖6-13 這是「環球晶」（6488）股票在2017年5月10日的A認購權證的「分時走勢圖」。

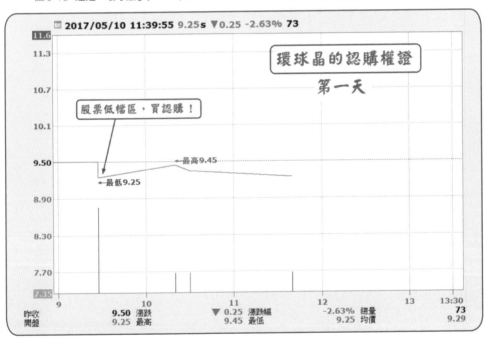

資料來源：XQ全球贏家

圖6-14 「環球晶」（6488）股票在2017年5月10日的B認售權證的「分時走勢圖」。

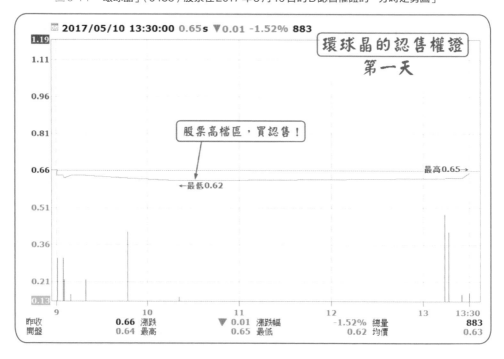

圖6-15 這是「環球晶」（6488）股票在2017年5月11日的「分時走勢圖」。

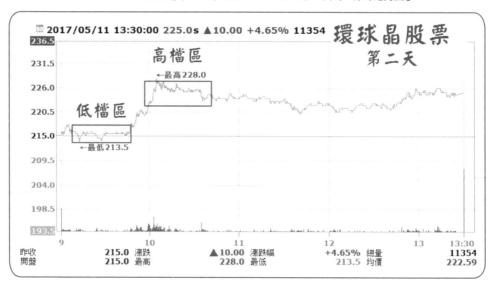

資料來源：XQ全球贏家

190

圖6-16 這是「環球晶」（6488）股票在2017年5月11日的B認售權證的「分時走勢圖」。

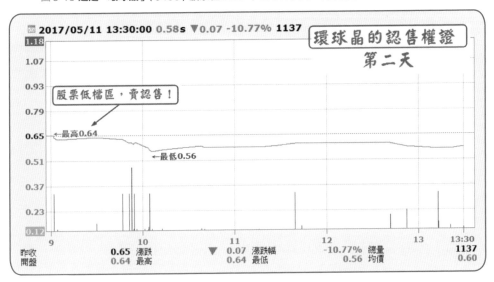

圖6-17 這是「環球晶」（6488）股票在2017年5月11日的A認購權證的「分時走勢圖」

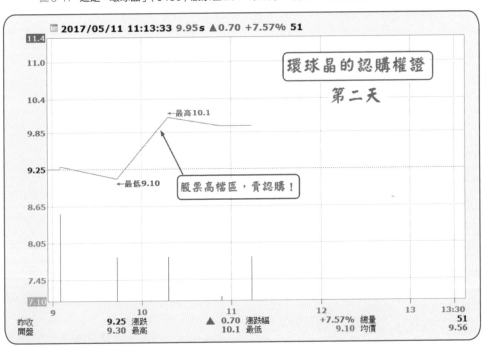

資料來源：XQ全球贏家

個股期操作的訣竅

　　很多讀者曾經來信希望筆者寫一本有關「個股期貨」的專書，我在講座中就回覆過，其實「個股期貨」沒什麼好寫的，因為只要弄熟了它的遊戲規則，其餘的多半和股票的技術差不多。不信您可以注意一下市面上這類的專書，其實大部分的內容仍然還是和股票技術指標，以及如何看盤操作，沒有什麼兩樣。抽掉遊戲規則的部分，內容其實也是和一本股票的技術指導書沒有太大差異。在選股方面更是沒有什麼特殊，主要是先看看股票有沒有「個股期貨」，據筆者長期的研究，很多飆股不僅沒有權證，甚至根本沒有個股期的。你選了也是白選。所以，先要看看它有沒有個股期，再看看它有沒有成交量。有量，才容易做得下去。

　　但是，個股期的操作，最大的好處就是「自由」。盤中任何時間都可以在發現「不對勁」的時候立刻閃人！它隨時可以平倉，而不必像現股一樣擔心沒有融券可以反向沖銷（不過，可以現股當沖的股票是例外）。除權息時，更是爽快！不必像過了戶的投資人一樣，等待個把月以上，才能把現金拿到手；若是股子還沒發下來，也往往還不能進行交易，真可說是綁手綁腳！

　　除此之外，個股期貨的槓桿大約可達到8-12倍（見表6-1），一般大約都是現股的7倍。買賣「個股期」的本錢也超低的，我們使用融資時，大約是把總價乘以0.4，而個股期只要乘以0.15（一口等於2張股票）即可，算是門檻很低的投資工具；稅負更不用說，現股的證交稅是千分之3，除權息還要交二代健保補充費，股利也要納入綜合所得稅計算。而「個股期貨」的「期交稅」只要10萬分之4（買賣各課10萬分之2），其餘的稅負都免了！特別的是有三檔高價股——「大立光」、「精華」、「碩禾」，它們在2017年5月16日的收盤價分別是：4,870元、576元、249元。早就有「高價位股票期貨小型契約」了。尤其俗稱「小立光」的「小型大立光期」因為本錢只需要70

分之1，更是交投熱絡！請看圖6-18、圖6-19、圖6-20，分別是小型「大立光」、「精華」、「碩禾」的個股期貨走勢。後兩者的成交量稍遜，而小立光則是一枝獨秀，不論做多做空，都很有人氣。

圖6-18　這是2017年5月16日的「小型大立光期05」的走勢圖。

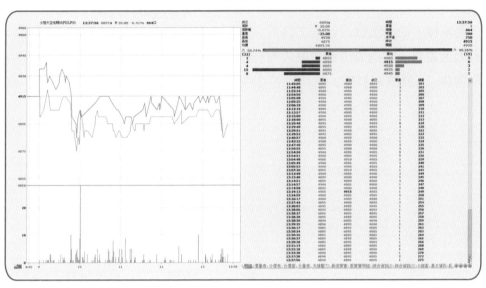

資料來源：XQ全球贏家

圖6-19 這是2017年5月16日的「小型精華期05」的走勢圖。

圖6-20 這是2017年5月16日的「小型碩禾期05」的走勢圖。

資料來源：XQ全球贏家

做「個股期」，最大的訣竅就是：「長線保護短線」。我記得卜松波在邀我玩個股期的時候，向我隨口說了一句「對長線掌握得好，個股期很好賺。」簡短一句話，我就看出卜兄很快就抓到重點了！難怪他以一個外國人能這麼快就在台股成為權證達人。相信他未來也會在個股期再造光芒！沒錯，看好或看衰一檔股票穩有把握時，換用「個股期」去多空操作，就能把利益變得最大化（因為本錢低、槓桿大）！

　　基本上，做「個股期」是不必看基本面的，因為那是落後指標（除非有內線），只要看股票的技術面和籌碼面即可。但是，要特別注意每年的「除權息」時段，一定要注意一下公司發放股利的條件。凡是配發較高股利的上市櫃公司會較受歡迎，在除權息之前來買股票的人特別多，因而股價自然會被推升。另外，有些主力大戶為了避稅，也會在除權息前先賣出股票，除權息後再買回來。所以，我們可以利用這段股價有大幅波動的日子進場，利用放大的槓桿倍數獲利。只有這種情況下，我們必須特別重視基本面，尤其是法人買股都有基本面的考量，我們也得跟著注重EPS（每股盈餘）。首先，我們要先看看這家公司近10年來，是否都有配發股利，至少5年內的EPS都不該是負值，才代表這家公司是賺錢的。為什麼要多看幾年的EPS呢？因為上市櫃公司有時會有某一年處分資產（例如賣房地產入帳），導致該年EPS高得嚇人，可是此後就沒有了。這樣的公司就不算「高成長」，只算「驚鴻一瞥」。我們做「個股期」當然是要「看長做短」的，也必須講求證據的。單一證據，不能代表高成長。

　　其次，做「個股期」雖然和股票的模式差不多，但是，卻要另外填寫風險報告書。同時，必須知道的是，交易股票期貨的戶頭，與買賣股票的戶頭，是不一樣的。必須到「期貨商」或「綜合證券商」另行開設專門交易期貨的戶頭。直接找期貨商開戶，手續費當然比較便宜，因為透過證券商交易期貨，是間接的，中間自會被多賺一點費用，多付出一些成本。同時，透過券商開戶，還不能交易摩根台指期貨。詳細的遊戲規則可上「台灣期貨交易

所」查詢（見圖6-21）。從「台灣期貨交易所」首頁上次的「交易資訊」，可以看到極多籌碼的資訊。

進入期交所網站的首頁網址為：www.taifex.com.tw

圖6-21　從「台灣期貨交易所」首頁上次的「交易資訊」，可以看到極多籌碼的資訊。

資料來源：XQ全球贏家

個股期怎麼玩才安全呢？

一、儘可能選擇近月的合約：

一般來說，「近月合約」的流動性比較好，所以大部分人也都以成交量較大的近月合約交易為主。但因「個股期」是在每個月的第三個星期三結算，所以到了每個月的第二週就太晚了，距離結算日只剩下10天左右，最好改下「遠月合約」的單子。

二、別買成交量太少的個股期：

請看圖6-22，買個股期，應先檢視它的成交量夠不夠大。一般來說，夠大的成交量，才會有人玩。下單的口數要依成交量的口數來決定你可以下多大的單子，以免買進之後賣不掉。依筆者的經驗，如果硬要買較大的量，通常不容易賣到理想的價格。

三、投資比例要低：

筆者根據自己投資的經驗，發現投資比例越低，勝算越大。因為比較沒有壓力，就會比較冷靜看盤、理性操作。不僅在股票應該如此，在期貨投資上更是如此。最理想的是一比三，也就是說，做一口個股期，你最好有買三口的財力。尤其做波段操作的個股期，不妨多放一點保證金在你的帳戶內。最好是存入保證金的兩倍的閒錢在裡面，才不易被追繳。必須注意的是，大多數的「個股期」只要0.135（即13.5%）即可，但也有些股票是不一樣的，例如「宏達電」（2498）與「TPK」（3673）等保證金就不止於13.5%，而是16.2%。如果不清楚的話，就去請問你的營業員。這些細節，他都很樂於告訴你。

四、操作宜順勢而為：

　　這是必須永遠記住的口訣：「多頭時間一到，再爛的股票都會飆漲；空頭時間來臨，再好的股票都走不遠。」千萬不要跟行情作對。投資個股期的順序應該是：先抓股票的「買氣」（或測試賣壓力度）、確定趨勢，然後順勢操作。會釣魚的人，都懂得找魚群多的地方去釣，同時要知道那兒的魚是否想吃魚餌。做個股期也是一樣，只要注意沒有「買氣」或「賣壓」就夠了，其他的都是旁枝末節。

五、必要時可配對交易：

　　「配對交易」是比較進階的操作手法了。意思是說，尋求Beta值相近的商品，以賺取超額報酬。Beta值是指個別股票的報酬受大盤指數影響的程度。這兩筆商品，必須要有相關的行情、相同的數量而且相反的方向，最後能形成盈虧相抵的交易。而在「配對交易」中，不論多頭或空頭的時機都可以進行。它的方法就是「買強空弱」。例如當你覺得「大立光」（3008）非常看好，而「宏達電」（2498）非常看衰時，就可以買進幾口「小立光」期貨，同時也放空幾口「宏達電」的個股期。當然，必須先研究一下時間點是否適合。如果「大立光」由盛轉衰，且「宏達電」卻否極泰來時，那就不對了。這種屬於套利的行為，也是個股期的價差交易，仍需要慢慢琢磨，切不可心急。

圖6-22 **買個股期，應先看看它的成交量夠不夠大。**

中文簡稱	成交	買進	賣出	漲跌	漲幅%	總量	委買	委賣	昨收	內外盤比重	歷史波動率%	未平倉	未平倉變化
006205富邦上証05	26.43s	26.40	26.43	▲0.07	+0.27	3433	17	7	26.36		--	1460	-2068
006205富邦上証06	26.39s	26.38	26.39	▲0.12	+0.46	3293	6	6	26.27		--	5007	+1835
3481群創05	13.20s	13.15	13.20	▲0.10	+0.76	3204	44	36	13.10		--	3998	-1050
2330台積電05	204.0s	203.5	204.0	▼2.00	-0.97	2765	188	3	206.0		--	1568	-1222
2330台積電06	204.0s	203.5	204.0	▼2.50	-1.21	2606	143	2	206.5		--	8411	+645
3481群創06	13.20s	13.15	13.20	▲0.15	+1.15	2605	12	74	13.05		--	8490	+1403
2303聯電05	12.20s	12.15	12.25	▼0.05	-0.41	2122	48	52	12.25		--	3079	-1864
2303聯電06	12.20s	12.15	12.20	▲0.10	-0.81	2029	33	14	12.30		--	3361	+1856
3673TPK-KY05	103.5s	103.5	104.0	▼5.00	-4.61	1896	22	38	108.5		--	1675	-182
2317鴻海05	104.0s	103.5	104.0	0.00	0.00	1742	2	324	104.0		--	6861	+847
2448晶電05	32.65s	32.65	32.75	▼0.75	-2.25	1471	11	3	33.40		--	914	-416
2317鴻海06	104.0s	103.5	104.0	▼0.50	-0.48	1384	90	116	104.5		--	1938	-591
0050元大台灣50ETF06	76.40s	76.35	76.40	▼0.10	-0.13	1356	5	2	76.50		--	5135	+1025
0050元大台灣50ETF05	76.45s	76.40	76.45	▼0.10	-0.13	1338	1	19	76.55		--	362	-1169
2448晶電06	32.65s	32.65	32.75	▼0.65	-1.95	1311	10	3	33.30		--	1973	+416
2498宏達電05	70.0s	70.0	70.1	▼0.80	-1.13	1278	4	2	70.8		--	1040	-272
2474可成05	328.5s	328.0	328.5	▲3.50	-1.05	1215	1	2	332.0		--	236	-120
2409友達05	11.80s	11.75	11.80	▲0.15	+1.29	1202	62	26	11.65		--	3079	-383
2881富邦金05	48.25s	48.20	48.30	▲0.30	+0.63	1116	1	31	47.95		--	927	-296
5871中租-KY05	81.1s	81.0	81.2	▲2.70	+3.44	1115	1	4	78.4		--	174	-83
2439美律05	189.5s	189.0	189.5	0.00	0.00	1089	1	8	190.0		--	242	-118
0061元大寶滬深05	14.99s	14.99	15.02	▲0.11	+0.74	1047	16	13	14.88		--	469	-638
3673TPK-KY06	103.0s	103.0	103.5	▼5.00	-4.63	1023	68	14	108.0		--	1488	+190
1314中石化05	11.30s	11.30	11.35	▲0.35	+3.20	951	60	14	10.95		--	698	-255
1314中石化06	11.30s	11.30	11.35	▲0.40	+3.67	949	10	13	10.90		--	1034	+107
2449京元電子05	29.55s	29.55	29.65	▲0.30	+1.03	927	1	1	29.25		--	379	-422
3019亞光05	55.4s	55.3	55.4	0.00	0.00	921	3	5	55.4		--	444	-128
0061元大寶滬深06	14.98s	14.98	14.99	▲0.14	+0.94	919	1	10	14.84		--	1803	+571
2458義隆05	43.40s	43.40	43.50	▲0.50	+1.17	889	4	2	42.90		--	243	-96
2409友達06	11.80s	11.75	11.80	▲0.20	+1.72	807	2	74	11.60		--	3646	+45
00639富邦深10006	9.20s	9.19	9.20	▲0.14	+1.55	784	20	3	9.06		--	840	+349
2449京元電子06	29.45s	29.40	29.45	▲0.20	+0.68	767	12	8	29.25		--	1171	+592
2371大同05	10.45s	10.45	10.50	▲0.10	+0.97	748	2	21	10.35		--	1706	-443
2881富邦金06	48.30s	48.25	48.30	▲0.35	+0.73	717	1	1	47.95		--	1611	+342
2498宏達電06	69.8s	69.7	69.8	▼0.70	-0.99	703	4	1	70.5		--	2377	+361
2882國泰金05	50.2s	50.1	50.2	▲0.35	+0.70	693	1	3	49.85		--	424	-246
00639富邦深10005	9.22s	9.20	9.21	▲0.13	+1.43	687	10	3	9.09		--	438	-411
2371大同06	10.40s	10.40	10.45	▲0.10	+0.97	685	2	9	10.30		--	2309	+404
2882國泰金06	50.2s	50.1	50.2	▲0.40	+0.80	669	8	3	49.80		--	1928	+258
3060銘異05	73.0s	72.8	73.0	▼0.70	-0.95	663	4	1	73.7		--	221	-56
2377微星05	70.8s	70.6	71.0	▼0.70	-0.98	646	3	3	71.5		--	202	-37
2823中壽05	30.15s	30.10	30.15	▲0.60	+2.03	641	1	19	29.55		--	540	-5
3019亞光06	55.3s	55.2	55.3	0.00	0.00	590	6	2	55.3		--	564	+109
4938和碩05	93.0s	92.8	93.1	▲2.10	+2.31	570	2	3	90.9		--	107	-31
6269台郡05	115.0s	115.0	115.5	0.00	0.00	552	4	1	115.0		--	262	-97
8069元太05	28.25s	28.20	28.25	▼1.25	-4.24	505	1	1	29.50		--	430	-182
5483中美晶05	41.90s	41.95	42.15	▼1.80	-4.12	482	2	1	43.70		--	279	-119
1476儒鴻05	321.5s	321.5	323.0	▼8.50	-2.58	478	2	1	330.0		--	161	-40
2439美律06	189.0s	188.5	189.5	▼0.50	-0.26	476	2	11	189.5		--	433	+23

資料來源：XQ全球贏家

台灣廣廈 國際出版集團
Taiwan Mansion International Group

國家圖書館出版品預行編目資料

跟著神準天王狠賺飆股！沒賺到錢不要說你會選股！/方天龍著；
-- 初版. -- 新北市：財經傳訊, 2017.06
　面；　公分. -- （sense；22）
ISBN 978-986-130-358-1　（平裝）
1.股票投資　2.投資技術　3.投資分析

563.53　　　　　　　　　　　　　　　　　106003122

財經傳訊
TIME & MONEY

跟著神準天王狠賺飆股！

沒賺到錢不要說你會選股！

作　　者／方天龍　　　　編輯中心／第五編輯室
　　　　　　　　　　　　編 輯 長／方宗廉
　　　　　　　　　　　　封面設計／比比司設計工作室
　　　　　　　　　　　　製版・印刷・裝訂／東豪・弼聖・秉成

行企研發中心總監／陳冠蒨　媒體公關組／陳柔垚
　　　　　　　　　　　　　綜合業務組／何欣穎

發 行 人／江媛珍
法律顧問／第一國際法律事務所 余淑杏律師・北辰著作權事務所 蕭雄淋律師
出　　版／台灣廣廈有聲圖書有限公司
　　　　　地址：新北市235中和區中山路二段359巷7號2樓
　　　　　電話：（886）2-2225-5777・傳真：（886）2-2225-8052

代理印務暨全球總經銷／知遠文化事業有限公司
　　　　　地址：新北市222深坑區北深路三段155巷25號5樓
　　　　　電話：（886）2-2664-8800・傳真：（886）2-2664-8801
郵 政 劃 撥／劃撥帳號：18836722
　　　　　劃撥戶名：知遠文化事業有限公司（※單次購書金額未達1000元，請另付70元郵資。）

■出版日期：2017年6月　　　■初版4刷：2021年4月
ISBN：978-986-130-358-1